Albert Tigges

Covid 19

Fehler
und
Versäumnisse

Bibliografische Information der Deutschen Nationalbibliothek:
Die Deutsche Nationalbibliothek verzeichnet diese Publikation in der
Deutschen Nationalbibliografie; detaillierte Daten sind im
Internet über http://dnb.dnb.de abrufbar.

Herstellung und Verlag:
BoD - Books on Demand,
Norderstedt

ISBN: 9783734720680

Vorwort

Als zu Beginn der Pandemie Prof. Montgomery in einer Talkshow sagte „Der Rotz fliegt 1,5 m und fällt dann zu Boden, wo er keinen mehr anstecken kann" sowie „Masken dienen, wenn sie überhaupt schützen, nur dem Fremd- und nicht dem Eigenschutz", habe ich mit erstaunt mit dem Kopf geschüttelt. Ärztliches Erfahrungswissen sieht anders aus: Masern, Windpocken und Co. stecken über viele Meter an und bleiben in Räumen über 2-3 Std. ansteckend. Das kann man in alten Ratgebern des Robert-Koch-Institutes nachlesen.

Erstaunt war ich auch über die Aussage von Prof. Drosten, Masken böten keinerlei Schutz. Es gibt seit vielen Jahren Zulassungskriterien für medizinische Masken. Danach müssen Partikel in der Größe einiger Mikrometer (das entspricht der Größe der Aerosole) zu über 95% gefiltert werden. Das kann jeder bei Wikipedia nachlesen. Prof. Drosten hat auch die Übertragung durch Aerosole bestritten.

Prof. Wieler hat als Leiter des Robert-Koch-Institutes diese beiden Behauptungen der breiten Öffentlichkeit bekannt gemacht. Er kannte offensichtlich alte Ratgeber des RKI nicht.

Natürlich habe ich neben vielen anderen auch diese drei angeschrieben, sie auf ihre Fehler aufmerksam gemacht und um eine Stellungnahme gebeten und natürlich habe ich auch von ihnen keine Antwort erhalten.

Das Ministerium für Gesundheit hat beim TÜV Essen Tausende Masken untersuchen lassen. Es müsste also über die schlechten Ergebnisse bei Textilmasken (Textilmasken sind gewebt und haben dadurch Poren im mm-Bereich) und die guten Ergebnisse bei medizinischen Masken (bestehen aus Faserlagen; Hecke statt Maschendraht) unterrichtet gewesen sein. Warum Textilmasken weiter empfohlen wurden, als die Lieferengpässe für medizinische Masken behoben waren, sollte abgeklärt werden. Seltsam ist auch, dass Untersuchungen von DLR-Instituten (Einrichtungen des Bundes) Stoffmasken eine Wirksamkeit attestieren, obwohl die Filterwirkung fast bei Null lag. Wer hat die Untersuchung in Auftrag gegeben und hat der Auftraggeber durchblicken lassen, welches Ergebnis herauskommen soll? Auch das bedarf einer Abklärung.

Aus „Masken schützen nicht" wurde „Alltagsmasken schützen" (AHA-Regeln). Später wurden dann **FFP2-Masken** (der bestmögliche Schutz) empfohlen, aber **nur, wenn 1,5 m Abstand nicht eingehalten werden können**. Es war ein neues Dogma kreiert, das ich gerne als „11. Gebot" bezeichne, welches sogar Eingang in Arbeitsschutzrichtlinien fand.

In Heinsberg haben wenige Erkrankte ca. 250 von 400 Besuchern einer Karnevalssitzung angesteckt. Die Besucher saßen an Tischen. Wieso haben sich so viele angesteckt, wenn Abstand schützt. Bei einer Chorprobe im März 20 hat man alle Hygieneempfehlungen berücksichtigt und es haben sich 2/3 über bis zu 15 m angesteckt mit einem Todesfall. In einer Kirche bei Frankfurt hat ein Erkrankter ca. 180 Menschen angesteckt. In einem Umkleideraum haben sich viele angesteckt, obwohl man den Raum nur einzeln nacheinander betreten hat. All dies Ereignisse waren bekannt und wurden ignoriert. Das Problem bei vielen Menschen, vor allem bei „Häuptlingen" (Politiker, Professoren u.a.) ist **dogmatisches Denken**. Das bekannteste Dogma war einmal die Behauptung, die Erde sei der Mittelpunkt des Universums. Die Beobachtungen der Astronomen passten nicht dazu. Erst im heliozentrischen Modell kamen Beobachtungen und Berechnungen zur Deckung. Galilei bekam es allerdings mit der Inquisition zu tun.

Nach meiner Meinung sind weniger organisatorische Dinge das Problem. Bei Optimierung der vorhandenen Mittel sind wir einigermaßen gerüstet. Das Problem ist starrsinniges Denken mit Ignorieren aller Beobachtungen, die nicht zum Dogma passen. Leider trifft das auch auf Wissenschaftler zu, von denen ich vorher dachte, sie seien offen und flexibel. Dumm ist, dass Menschen diesen Kardinalfehler immer wieder machen. Albert Einstein hatte Recht (Zitat im Buch). Auch die Medien haben betreffs Ignoranz enttäuscht.

Die Dokumente haben eine lockere Anordnung. Erst Allgemeines und Briefe/Emails, dann Aerosole, Masken und zum Schluss Impfen. Wiederholungen bitte ich zu entschuldigen; sie sind unvermeidbar.

X

Corona-Übersicht

Hallo.

Dieses Schreiben stammt von einem Hausarzt, der nach 6 Jahren Studium und 8,5 Jahren klinischer Weiterbildung (inklusive Pädiatrie) zum Facharzt für Allgemeinmedizin 31 Jahre als Hausarzt tätig war und Masern und Co. aus eigener Erfahrung kennt. Ich verfüge noch über **ärztliches Erfahrungswissen, wie diese Krankheiten übertragen werden (Aerosole über viele Meter und über mehrere Stunden) und wie man sich schützen kann (durch medizinische Masken**, die bei korrektem Sitz bestmöglich schützen). Ich habe mit dem Kopf geschüttelt, als Professoren sagten, „der Rotz fliegt 1,5m und fällt dann zu Boden, wo er keinen mehr ansteckt" und „Masken sind sinnlos" oder „Masken bieten allenfalls Fremdschutz, aber keinen Eigenschutz". Erstaunlicherweise wurden später sogenannte Alltagsmasken empfohlen, sofern der Abstand nicht eingehalten werden kann (AHA-Empfehlungen).

Plakativ bezeichne ich Alltagsmasken als „Kondome aus Jute". Gegen einen tödlichen Angreifer wehren wir uns mit „Platzpatronen (AHA)", obwohl es wirksame Gegenmaßnahmen (medizinische Masken) gibt. Ohne die werden wir von einem Lockdown zum nächsten schliddern. Ob bei einem hochansteckenden Virus eine Impfrate von 60% für eine Herdenimmunität reicht, möchte ich bezweifeln. Für Masern bräuchte man über 90%.

Seit dem März versuche ich, das vergessene Wissen durch Schreiben an Politiker (z.B. Herr Spahn 5 Schreiben) und Medien (z.B. NDR Visite 8 Schreiben) bekannt zu machen. Ich renne gegen eine Wand aus Ignoranz.

Meine Hoffnung: Wenn das Wissen über medizinische Masken als bestmöglichen Schutz sich dank eurer Mithilfe über Ketten-Emails genauso exponentiell verbreitet wie das Virus, besteht eine reelle Chance!

Bitte lest den Text unten, bildet euch ein eigenes Urteil und unterstützt mich bei meinem Anliegen.

Vielen Dank
Albert Tigges

Übersicht zu Corona, erstellt am 09.12.20 von Albert Tigges

Aerosole
- Masernausbreitung beschrieben in Pediatrics 1985. Ein Erkrankter steckt in einer Kinderarztpraxis sieben an, nur einen durch direkten Kontakt, die anderen waren in anderen Räumen, einer betrat die Praxis erst eine Stunde später.
- Alte Ratgeber des RKI zu Masern und Windpocken: „Aerosole", „ohne direkten Kontakt", „über mehrere Meter", „noch nach 2 Stunden Ansteckung".
- Chorprobe USA 3/20. Trotz Abstand steckt sich ein Großteil an.
- Chorprobe Berlin 5/20 mit Abstand in einem größeren Raum. Ansteckung über 12-15 Meter.
- Kirchengemeinde nahe Frankfurt. Einer steckt ca. 180 an.
- Restaurant in Norddeutschland. Einer steckt ca. 40 an.
- Restaurant in China. Einer steckt durch Verbreitung über die Klimaanlage (=Verdünnung, also hoch ansteckendes Virus) viele an.
- Tönnies. Einer steckt über die Klimaanlage viele an.
- In einem Flugzeug steckt jemand mit Tuberkulose mehrere an trotz Hepafiltern und Luftumwälzung in kurzem Abstand.
- Prof. Lednicky Uni Florida. In 5m Abstand zu Covid-Erkrankten sind Aerosole mit ansteckungsfähigen Viren nachweisbar.
- Experimentell breiten sich Aerosole in kurzer Zeit bis zu 50m aus und sind bis zu 3h ansteckend.

Masken
- CID 2012 Test medizinischer Masken an Dummies. Op-Masken filtern 95%, FFP2-Masken 98%. Bei fehlerhaftem Sitz filtern beide weniger als 70%.

•TÜV Essen hat über 3000 Masken untersucht, die meisten im Auftrag des BMG. Medizinische Masken filtern 98%, Alltagsmasken 10%. Brisant ist die Frage, ob und seit wann das Ministerium darüber Bescheid weiß. Kaum vorstellbar, dass man es nicht weiß.

•DLR-Institut (Einrichtung des Bundes) untersucht einfache Textilmasken. Filterwirkung fast Null. Interessant wäre, wer die Studie in Auftrag gegeben hat und wie man aus der Untersuchung eine Schutzwirkung ableiten kann.

•Im Lancet wurde 7/20 eine Metaanalyse mit Daten aus SARS/MERS und Covid19 zu Masken (FFP2, Op, Textil) publiziert. Das Risiko für eine Ansteckung wurde um 82% reduziert. Würde eine Untersuchung nur mit medizinischen Masken gemacht, dürften über 95% erreichbar sein.

Alltag

•Exemplarisch Aufsuchen der örtlichen Poststelle. 6 Kunden mit Stoffmasken, nur ich mit FFP2. Die Postangestellte steht hinter einer Plexiglasscheibe ohne Maske.

•Filmbeitrag in ZDF Heute. Im Erzgebirge explodieren die Zahlen. Ländliche Region, viele Familienbetriebe. Man sieht mehrere Mitarbeiter in einem mittelgroßen Raum. Der Inhaber sagt: „Wir halten uns an den Mindestabstand. Wenn das nicht geht, setzen wir eine Alltagsmaske auf. Wir können uns den Anstieg der Infektionen nicht erklären."

Man hält sich also strikt an AHA. Trotzdem steigen die Zahlen. Wirklich nicht erklärbar?

Preisfrage

Werden aerogen übertragbare Viren wie Masern und Covid19 durch Tropfen (=Regen) übertragen, die nach 1,5m zu Boden fallen und durch Alltagsmasken gefiltert werden?

Oder werden die Viren durch Tröpfchen/Aerosole (=Nebel) über räumliche und zeitliche Distanz übertragen, gegen die Alltagsmasken nicht, sehr wohl aber medizinische Masken schützen?

Tragweite

Wird Ihnen schwindelig, wenn Ihnen klar wird, dass Fehlentscheidungen von Politikern basierend auf der Unkenntnis medizinischer Experten über Virusübertragung und Viruseindämmung zu **vermeidbaren Erkrankungen, Todesfällen und Insolvenzen sowie Verlust Hunderter Milliarden Euro** geführt hat.

Nachtrag 3.21

•Die Uni Bonn (Prof. Streeck) hat die Coronaausbreitung in Gangelt/Heinsberg im Februar 20 analysiert. Einzelne Erkrankte steckten bei einer Karnevalveranstaltung in einer Halle mehr als die Hälfte der Gäste an.

•Bei der Leichtathletik-EM Im März 21 in einer Halle steckten sich zig Athleten trotz Beachtung der Hygieneregeln an.

•In einem Umkleideraum steckten sich etliche an, obwohl man den Raum nur einzeln nacheinander betrat. Die „Experten" standen vor einem Rätsel. **„Wir können uns das nicht erklären."**

Nachtrag 7.21

Führende Aerosolforscher haben uns versichert, dass im Freien eine Ansteckung nahezu ausgeschlossen sei. Aufgrund welcher Daten sie zu der Aussage kommen und wie valide das ist, soll hier nicht untersucht werden.

Auch die Frage, warum WINDpocken diesen Namen haben, soll nicht untersucht werden.

•Bei der Kumbh Mela (religiöses Fest in Indien) baden Hindus im Ganges als rituelle Reinigungszeremonie. Nach dem Fest waren von ca. 50000 Testen auf Corona über 1000 positiv (2%).

•Bei der Fußball-EM steckten sich ca. 400 finnische Fans in St. Petersburg an.

•Das gleiche passierte ca. 400 schottischen Fans in London.

•Bei einem Open Air Konzert in Utrecht steckten sich von rund 20000 Besuchern ca. 1000 an.

Nachtrag 8.21

•Eine Untersuchung an über 80000 Probanden in England ergab signifikante kognitive Defizite bei Covid 19-Genesenen mit leichten Verläufen, nach stationärer Behandlung gravierende Folgen.

•Inzwischen stellen viele Ärzte die Infektiösität von Covid 19 auf eine Stufe mit Windpocken.

•US-Kinderärzte schlagen Alarm. Delta lässt die Zahl der Klinikeinweisungen von Kindern mit lebensgefährlichen Corona-Symptomen rapide steigen.

•Die Landesregierung NRW lockert in Schulen nach den Ferien die Quarantänemaßnahmen. Nur die Schüler direkt neben dem erkrankten Kind müssen in Quarantäne.

•Die Landesregierung NRW beschließt: Kinder und Jugendliche unter 16 Jahren benötigen für Veranstaltungen, für deren Teilnahme die 3G-Regel geimpft, genesen oder getestet gilt, keine entsprechenden Nachweise.

Es ist absehbar, dass es eine 4. Welle mit der Delta-Variante bei nicht geimpften Kindern geben wird. Delta ist ansteckender und virulenter. Auch wenn Kinder meistens leichter erkranken, werden sie vermutlich Langzeitfolgen haben ähnlich wie bei EBV.

Aus der Pandemie kann man manches lernen:
Den Aussagen von sogenannten Experten und Politikern blind zu vertrauen kann tödlich sein.
Es ist sehr dumm, dieselben Fehler immer wieder zu machen. Mit einer sinnvollen und konsequent durchgehaltenen Strategie (Medizinische Masken überall, wo Menschen zusammentreffen, bis 90% der Menschen geimpft sind) wäre das Leid durch die Pandemie erheblich geringer ausgefallen.

Albert Einstein sagte: „Ich kenne 2 unendliche Dinge: Die Dummheit der Menschen und das Weltall. Beim Weltall bin ich mir aber nicht ganz sicher."

Nachtrag 12.11.21

In der heutigen Tageszeitung ist ein Foto vom Karneval in Köln. Deja vu. Albert Einstein hat recht. Mir war klar, dass eine 4. Welle kommt. Die Wucht hat mich aber überrascht. Die Delta-Variante ist offensichtlich wesentlich kontagiöser und virulenter.

Das übliche Schema für die meisten Impfen wie z.B. Hepatitis B oder Tetanus war schon immer: Basis mit 2 Impfen im Abstand von 4-6 Wochen, Booster nach 6-12 Monaten, Auffrischung nach 3-10 Jahren. Der Vorsitzende der Stiko riet von der Boosterimpfung ab, weil es dafür keine Evidenz gäbe. Peinlich, dass zu dem Zeitpunkt positive Erfahrungen aus Israel vorlagen und eine Studie von Biontech einen zigfachen Anstieg der Antikörper nach der Boosterimpfung zeigte.

Es gab Politiker, die zu Beginn des exponentiellen Anstiegs wieder behaupteten, man könne die Ausbreitung durch Testen und lokale Maßnehmen begrenzen. Deja vu.

Es gab Professoren, die meinten, die Inzidenz sei nicht mehr so wichtig. Entscheidend sei die Auslastung der Krankenhäuser. Ist es möglich, dass bei hohen Inzidenzen die Wahrscheinlichkeit für Mutationen steigt? Ist es möglich, dass neue Varianten ansteckender und gefährlicher sind? (Die verwandten SARS-CoV haben eine Sterblichkeit von 10% und MERS-CoV von 20-40%.) Ist es möglich, dass durch einen „Quantensprung" (nicht einzelne Gene mutieren, sondern ein Großteil des Bauplans) in der Evolution ein neues Virus entsteht, gegen das unser Immunsystem „nackt" dasteht? Deja vu.

Kein Grund zur Besorgnis! Wir haben alles unter Kontrolle! Deja vu.

Nachtrag 20.11.21

Komplette Impfung schließt die Boosterimpfung ein. Selbst Professoren werfen Booster und Auffrischung durcheinander. Von Impfdurchbruch kann man also erst bei einer Erkrankung nach vollständiger Impfung sprechen. **Die Impfung wird schlecht geredet.** Menschen mit Zweifeln und Ängsten werden so in ihren Zweifeln und Ängsten bestärkt. Als Prof. Montgomery u.a. zu Beginn der Pandemie behaupteten, Masken würden - wenn überhaupt - nur dem Fremdschutz dienen, meinten verständlicherweise die Menschen, dass man sich selbst nicht durch eine Maske schützen kann und haben keine aufgesetzt, was der Pandemie Vorschub geleistet hat. Dass Alltagsmasken nicht schützen, wurde oben dargelegt.

Nachlese

Im August 2020 gab es bei Rosenfluh.ch einen interessanten Artikel über die Ansteckungsgefahr durch infektiöse Aerosole. Insgesamt 239 Wissenschaftler aus 32 Ländern wandten sich in einem Positionspapier an die WHO. Sie forderten die WHO auf, ihre Einschätzung zur Übertragung von SARS-CoV2 zu überdenken. Unter den Unterzeichnern waren nicht nur Mediziner und Virologen, sondern auch Epidemiologen und Vertreter technisch physikalischer Disziplinen wie Strömungsdynamik und Aerosolphysik. In ihrem Schreiben mahnten sie, dass die bisherigen Schutzmaßnahmen, vor allem in geschlossenen Räumen, nicht ausreichend vor einer Ansteckung schützen. **"Händewaschen und Social Distancing sind sinnvolle, aber aus unserer Sicht nicht ausreichende Maßnahmen, um einen Schutz vor virushaltigen respiratorischen Mikro-Tröpfchen, die von infizierten Menschen in die Luft freigesetzt werden, zu erreichen."**, so die Unterzeichner. Vor allem das Aerosol-Risiko in geschlossenen, überfüllten und schlecht belüfteten Räumen sollte stärkere Beachtung finden. (Fettdruck A.T.)

Nach neuer Nomenklatur nennt man jemanden einen Querdenker, wenn er Erfahrungswissen und wissenschaftliche Fakten ignoriert und dadurch Schäden verursacht. Sind WHO, Experten, Politiker und Journalisten, die beharrlich das Wissen über Aerosole ignorieren, etwa Querdenker? Gibt es prinzipiell einen Unterschied zwischen der Hahnemann-Gesellschaft (Zusammenschluss von Homöopathen), die behauptet, mit Homöopathie sei eine Covid-19-Erkrankung erfolgreich behandelbar, und dem Robert-Koch-Institut, das behauptet, der wirksamste Schutz gegen Covid sei das „11. Gebot" (Abstand von 1,5m). Unter Dogma (griechisch: Meinung, Lehrsatz) versteht man eine verbindliche normative Aussage oder ein Gedankensystem mit dem Anspruch auf absolute Wahrheit und der Zurückweisung widersprechender Auffassungen. Das Äquivalent im Lateinischen ist Decretum (verbindliche Erklärung). Prof. Wieler (stellvertretend für viele genannt) verkündet das Dogma vom 11. Gebot, das uns auch von den Mainzelmännchen täglich gepredigt wird, und das rechtsverbindliche Dekret finden wir in den Arbeitsschutzrichtlinien.

Nachtrag-26.11.21

Die Omikron-Variante hat in Südafrika in kürzester Zeit die Ansteckungsrate um das Zehnfache erhöht. Sie ist viel ansteckender als die Vorgänger und hat nicht nur einzelne, sondern viele Mutationen. Der Impfschutz schwindet. Es ist nur eine Frage der Zeit, wann es resistente Mutanten gibt.

Konklusion

Können wir aus der Pandemie lernen? Nach meiner Meinung gibt es 4 Dinge. **1)** Wir sitzen alle in einem Boot. Diese Lektion hätten wir schon lange lernen müssen. Nur zusammen geht es. Das gilt auch für Klima und Umwelt. **2)** Vor dem Virus sind alle gleich. So was hat man früher auch von Gott gesagt. Kennt den noch jemand? Jedes Lebewesen hat seine Lebensberechtigung und seinen Wert, den man nicht mit Geld aufwiegen kann. Hier wird das Thema SINN (bei Laotse Tao) angerissen, das man nicht mit Dogmen erklären kann. **3)** Mit dem Folgenden begebe ich mich auf dünnes Eis. Meine Anschauung wird von ca. einem Drittel der Menschen geteilt, und die sind sicher nicht alle blöd. Ist bei den gegenwärtigen Krisen so etwas wie Karma im Spiel? Ich verstehe darunter kein blindes Gesetz, sondern ein Regulativ für Fehlverhalten zwecks Entwicklung der Seelen. Macht natürlich nur Sinn im Zusammenhang mit Reinkarnation und vielen, vielen anderen Aspekten. **4)** Es gibt eine Art von Erkennen, das dem Verstand nicht möglich ist. Für die Belange des Alltags ist er aber ein wertvolles Instrument zur Orientierung, wenn man ihn denn einsetzt und nicht blind an die Aussagen von Experten oder Studien glaubt. Zu Beginn der Pandemie haben Professoren gesagt, Masken seien sinnlos. Alle haben das nachgeplappert. Aktuell sagen Experten weiterhin, Abstand sei der beste Schutz vor einer Infektion. Als ehemaliger Hausarzt konnte und kann ich nur mit dem Kopf schütteln. Das Wissen zu den beiden Themen widerlegt beide Aussagen und ist jedem zugänglich. Wissen von Subspezialisten ist Schmalspurwissen. Für die Medizin kann ich sagen: Schlimm, wenn es nur Spezialisten und keine Generalisten mit grobem Überblick gäbe.

Nachtrag Januar 2022

Gibt es eine Erklärung dafür, warum der Impferfolg hinter den Erwartungen zurückbleibt und die Nebenwirkungsrate so hoch ist? Bei konventionellen Impfstoffen (einschließlich gentechnisch hergestellter) wird eine definierte Menge Antigen verabreicht, dessen Dosis man in Studien zu Wirksamkeit und Verträglichkeit getestet hat. Bei den neuen Impfstoffen wird nicht das Antigen verabreicht, sondern in Form von kurzlebiger m-RNA der Bauplan, mit dem der Körper das Antigen selber herstellt. Die Streubreite der Antigenmenge dürfte groß sein. Wenn man den Impfstoff nicht in den Deltoideus, sondern in dessen Sehnenansatz spritzt (wiederholt im TV gesehen), dürfte die Wirkung ausbleiben. RNA ist instabil. Die „Verpackung" in Nanopartikeln soll sie schützen und verbessert die Aufnahme in die Muskelzellen. Nach dem Auftauen soll man den Impfstoff vor Erschütterungen bewahren. Bei Injektion in 0,4 Sekunden durch eine enge Kanüle dürften erhebliche Druck- und Scherkräfte auftreten. Meine Anfrage dazu bei Biontech wurde „beantwortet" mit dem Hinweis, Biontech halte sich an geltendes Recht, wonach ihnen die Beratung von Privatpersonen untersagt sei.

Synopsis mit Auszügen aus Schriftverkehr

BMG vom 26.04.20

Wenige Fakten zu Corona. Kurz, aber schmerzhaft!

Es wird früher oder später zu Schuldzuweisungen und dem Vorwurf von Versäumnissen kommen.Vielleicht wird es eines Tages einen parlamentarischen Untersuchungsausschuss geben, wo wie üblich gefragt wird, wer wann was gewusst hat und wieso man nicht reagiert hat. Es geht schließlich um Menschenleben, die Bedrohung von Existenzen und Unsummen Geld. Sie können sich dann nicht darauf berufen, man hätte das nicht wissen können. Ab jetzt wissen sie es.

<u>Fakt:</u> In der Umgebungsluft von Coronapatienten finden sich kleine und kleinste (einige Mikrometer, entspricht der Größe eines Erythrocyten, kann man ebenso wie Feinstaub nicht fotografieren) virushaltige Tröpfchen. Die schweben in der Luft und fallen entgegen den Aussagen von Experten nicht in 1,5 m zu Boden.

<u>Fakt:</u> Mit einfachen OP-Masken lassen sich diese feinsten Tröpfchen stoppen, auch beim Hustenstoß mit etwa 300 km/h. Anfangs wurde gesagt, Masken schützen nicht, dann auch, sie wirken nur bei Erkrankten, aber nicht als Schutz gegen Ansteckung bei Gesunden.

<u>Schlussfolgerung:</u> Die 1,5 m-Empfehlung schützt unzureichend. Effektive Masken schützen. Das widerspricht den Aussagen der Experten und den Empfehlungen der Bundesregierung. Eine Revision ist dringend geboten.

NDR und WDR vom 24.03.20

Ich möchte hier nochmals betonen. Wenn wir uns nach Aufhebung der modifizierten Ausgangssperre auf 1,5 m Abstand verlassen, werden wir eine leidvolle Bauchlandung machen. Die **Übertragung erfolgt durch Tröpfcheninfektion. Die lässt sich nicht durch Abstand, sondern durch Schutzmasken vermeiden.**

ZDF Heute 10.07.20

> ## 1) Die Infektion bei Corona erfolgt durch Tröpfchen/Aerosole über räumliche und zeitliche Distanz.
> ## 2) Die Abstandsregel ist wirkungslos.
> ## 3) Einfache medizinische Masken schützen sicher vor Ansteckung.

In der **gestrigen Sendung** brachten Sie in einem Beitrag eine Untersuchung über Aerosole. Die Ansteckung über Aerosole gehört zum ärztlichen Basiswissen. Es ist erstaunlich, dass ich als Hausarzt in Rente das weiß und Prof. Wieler und Co. sowie WHO nicht.

Punkt 1 und 2 wurden in Ihrem Beitrag angesprochen. Wenn Sie Punkt 3 auch publik machen, würden Sie einen Beitrag zur Verhinderung des Wiederaufflammens leisten. Lüften und Filter wirken nicht ausreichend (vgl. Tuberkulose im Flugzeug in Corona-Versagen S. 2)

Ministerpräsident Laschet, 13.04.20

Weiterhin dürfen Experten ihre Meinungen verbreiten mit nachteiligen Folgen. Ich meine die Aussagen, a) übliche Atemmasken (OP-Masken) würden keinen Schutz vor Ansteckung durch andere, sondern nur einen Schutz gegen die Verbreitung durch Infizierte bieten und b) selbstgefertigte Masken böten auch Schutz.Wenn Experten sagen, es liege keine Evidenz vor, heißt das oft nur, dass es dazu keine Studien gibt, und nicht, dass es Studien mit negativem Ausgang gibt. Otto Normalverbraucher geht von letzterem aus. Die Motivation zum Tragen einer Schutzmaske ist wesentlich höher, wenn ich sie zum Eigenschutz trage.

Familienministerium 21.05.20

Ich weiß, dass das Virus nicht zu unterschätzen ist. Masern sind aber auch gefährlich. Überspitzt und provokativ habe ich in einem meiner Schreiben gesagt, dass nicht das Virus das Problem ist, sondern medizinische Experten inkl. WHO, die nicht über Tröpfcheninfektion Bescheid wissen.

In einem anderen Schreiben habe ich in einem Gleichnis das Aussitzen der Regierung so beschrieben. Wir sind ohne Sicherheitsgurt (Vorbereitung auf eine Pandemie) gefahren. Die Notbremsung war o.K. Dann hätte man den Gurt (medizinische Masken, als Notbehelf überbrückend Textilmasken mit Einlage von gefaltetem Kosmetiktuch) anlegen müssen und hätte schon nach kurzer Zeit weiterfahren können. Stattdessen blieb man wochenlang stehen, ohne die nötigen nächsten Schritte zu planen, und überlegt aktuell (Schreiben vom 04.05.), ob man zu Fuß weitergeht. Die Folge dieses Versagens (gemeint ist zwar unsere Regierung, woanders sieht es aber nicht besser aus) in der Pandemie sind Gefährdung von Menschenleben, Existenzbedrohung und Verlust unvorstellbarer Summen an Vermögenswerten.

HDE und DEHOGA 18.04.20
Als Folge der falschen Aussagen von Experten wurden und werden Milliarden Euro in den Sand gesetzt sowie Menschenleben gefährdet.

Aufgrund folgender falscher Aussagen wurde alles heruntergefahren: a) Ansteckenden Tröpfchen fliegen nur 1,5 m weit und fallen dann zu Boden. b) Schutzmasken schützen nicht vor Ansteckung. Wenn Tröpfchen mit der Größe einiger mikrometer (die man mit Fluoreszenzoptik nicht nachweisen kann) über Distanz und länger kontagiös sind, bringt Distanz von 1,5 m nichts und ist sogar ohne weitere Maßnahmen wie Schutzmasken gefährlich. Mit Masken wäre das Herunterfahren überflüssig gewesen.

Das bedeutet konkret: **Mit den oben empfohlenen Schutzmaßnamen könnten Läden jeder Größe und Hotels wieder öffnen.**

Corona-Versagen 25.06.20
Dieses Schreiben hat keinen speziellen Adressaten. Es soll als Dokument das Versagen von medizinischen Experten und Politikern aufzeigen. Ein zweiter Ausdruck wird mit einer Art Zeitstempel versehen, um klar zu machen, dass es nicht nachträglich erstellt wurde. Ich gehe davon aus, dass künftige Historiker meine Ansicht bestätigen werden. Die Corona-Pandemie ist abgesehen von Kriegen die größte Krise in der Neuzeit. Darin wird man mir zustimmen. Das vom Virus verursachte Leid ist sehr groß. Noch größer ist das Leid, das zusätzlich durch Versagen von medizinischen Experten und Politikern verursacht wurde. Der fatale Irrtum beruht auf der Behauptung, Abstand sei die einzig wirksame Maßnahme zur Eindämmung der Ausbreitung des Virus. Das hatte unnötige Erkrankungen und Todesfälle, den Ruin von Existenzen und unvorstellbare Verluste an Vermögenswerten zur Folge. Mit dieser Aussage stoße ich auf Unverständnis.

Petitionsausschuss 31.12.20
Pet 2-19-15-21201-040741
Sehr geehrte Frau Wecken.

„Aufgabe des Petitionsausschusses als parlamentarisches Kontrollorgan ist es, auf Beschwerde hin Handlungen sowie Unterlassungen von Bundesbehörden und anderen Verwaltungsstellen zu überprüfen, die der Weisung oder Aufsicht einer obersten Bundesbehörde unterliegen."

Genau das war und ist mein Anliegen.

Dem BMG werfe ich vor, Alltagsmasken trotz unzureichender Wirkung zu empfehlen und Abstand als wichtigste Maßnahme zur Pandemiebegrenzung zu propagieren, obwohl schon zu Beginn der Pandemie klar war, dass Abstand nicht schützt. Aerosole breiten sich über zig Meter aus und sind über Stunden ansteckend. Der einzig sinnvolle Schutz sind medizinische Masken mit einer Filterwirkung über 95%. Tausende Masken wurden im Auftrag des BMG vom TÜV Essen untersucht. Medizinische Masken filtern 98% der Aerosole, Alltagsmasken 10%. Es ist kaum vorstellbar, dass das BMG darüber nicht informiert ist. Wenn trotz Kenntnis der unzureichenden Wirkung weiter Alltagsmasken (keine Lieferengpässe mehr!) empfohlen werden, ist das verantwortungslos.

Das RKI empfiehlt dieselben Maßnahmen, obwohl dieses Institut früher Ratgeber zu Masern & Co herausgegeben hat mit: „Aerosole", „über mehrere Meter", bis zu 2 Stunden ansteckend", „ohne direkten Kontakt".

Die Empfehlungen der BZgA füge ich als Kopie bei.

Die Untersuchung von Masken durch ein DRL Institut füge ich bei. Die Interpretation der Ergebnisse ist wissenschaftlich nicht haltbar. Es drängt sich mir der Verdacht auf, dass hier nicht alles mit rechten Dingen zuging.

Zitat aus meinem ersten Brief an Sie (als Kopie mit Zusätzen angefügt): **...würde das bedeuten, dass dadurch** <u>**vermeidbar**</u> **unvorstellbares Leid verursacht wurde. Hoffentlich ist Ihnen die Tragweite meiner Anschuldigungen klar.**

Prof. Alexander Kekulè 15.01.21

In der gestrigen Sendung (Lanz) gab es (zumindest für mich als Mensch mit geringem TV-Konsum) eine Premiere. Erstmals habe ich gehört, dass jemand sagt, **Abstand schützt nicht**. Sie waren, soweit ich weiß, auch einer, der von Anfang an für Masken plädiert hat. Für mich als Allgemeinarzt in Rente war schon immer klar, dass die Infektion bei aerogen übertragenen Erkrankungen wie z.B. Masern und Windpocken durch **Aerosole über räumliche** (etliche Meter, experimentell bis 50m) **und zeitliche** (bis zu 2 Stunden, experimentell bis 3) **Distanz** stattfindet und man sich durch **medizinische Masken** (filtern über 95% der Aerosole) schützen kann. Stoffmasken filtern dagegen völlig unzureichend. Dieses Erfahrungswissen versuche ich seit März 2020 bekannt zu machen. Die unvollständige Liste der Adressaten finden Sie auf „Ausbreitung Masern". Im Dezember habe ich eine Zusammenstellung zu Corona gemacht und die per Email (Liste CC im Anhang, alle schon zuvor per Post kontaktiert) an 17 Adressaten aus Politik, Medien und Wissenschaft verschickt. Reaktion auf alle Schreiben nahezu Null.

Meine Bitte an Sie. Plädieren Sie für <u>medizinische</u> Masken und stellen Sie klar, dass Textilmasken nicht schützen. Ich bezeichne sie gerne als „Kondome aus Jute". Wenn Aerosole die Größe eines Fußballs hätten, entspräche die Maschenweite von Textilien etwa einer Baumreihe mit 10m Abstand.

Ich schäme mich für meinen Berufsstand. Da behauptet ein Prof. Drosten (hat sein ganzes Berufsleben im Viruslabor verbracht) im Januar 20, Masken sein nutzlos. Da sagt ein Prof. Montgomery (ehemals Radiologe) im März: *Der Rotz fliegt 1,5m weit und fällt dann zu Boden, wo er keinen mehr anstecken kann. Masken dienen, wenn sie überhaupt etwas nutzen, nur dem Fremd- und nicht dem Eigenschutz.* Prof. Wieler (Veterinärmediziner) schwört uns auf das 11. Gebot ein (Du sollst zu Deinem Nächsten einen Abstand von mindestens 1,5m einhalten). Das RKI hat früher Merkblätter zu Masern und Windpocken herausgebracht. Da ist die Rede von „Aerosolen", „Ansteckung ohne direkten Kontakt", „über mehrere Meter", „über 2 Stunden". Der Präsident des RKI sollte das wissen. Meine Anfragen, worauf die Evidenz für diese Aussage beruht, wurden erwartungsgemäß nicht beantwortet. Dann kamen die Alltagsmasken, von denen man auch nicht abrückte, als es keine Lieferengpässe für medizinische Masken mehr gab. Dann kam Lüften (ich verweise auf mein „Gedankenexperiment"; in Kurzform: Ein Schüler pupst; Lüften nach 20 Minuten kommt zu spät). Plakativ zusammengefasst: **Wir kämpfen mit Platzpatronen gege einen tödlichen Feind. So wird das nichts und wir schliddern von einem Lock Down zum nächsten. Dabei ist die Lösung banal. Medizinische Masken (+Bußgeld bei Nichtbeachtung) bis 90 % der Bevölkerung geimpft sind** (was wir auch vermasseln werden).

Quoos (Chefredakteur Funke Medien) 31.01.21

Seit 10 Monaten versuche ich, vergessenes ärztliches Basiswissen über Virusausbreitung durch Aerosole bekannt zu machen sowie darauf hinzuweisen, dass man sich durch medizinische Masken schützen kann. Mit diesem Wissen wäre uns viel Leid erspart geblieben. Das war die Triebfeder für meine Ausdauer, obwohl ich auf eine Mauer aus Ignoranz stieß. Professoren und Politiker haben dagegen behauptet, nur Abstand schütze und Masken seien sinnlos. Später wurden dann seltsamerweise Alltagsmasken empfohlen. Dann kam Lüften. Was mich wütend macht, ist das **Festhalten an Fakes (AHA), obwohl schon früh klar war, dass die Übertragung durch Aerosole erfolgt** (vgl. zum Thema „Rechthaben und keine Fehler machen" die Screenshots und Auszüge aus meinem Skript für ein Buch).

Gehen wir systematisch vor mit einem Stufenmodell zu Corona.

Stufe 3 = soziale Ebene. Hier kann man in Talkshows darüber diskutieren, ob Grenzschließungen sinnvoll sind u.s.w., Raum für Vermutungen und Behauptungen.

Stufe 2 = biologische Ebene. Hier geht es um Spikeproteine, ACE-Rezeptoren und ähnliches, nur wenig Raum für Spekulationen. Experten haben gesagt, eine Impfquote von 60% reicht. Ich habe gesagt, wir brauchen 90%. Wer Recht hat, wird nicht geklärt werden.

Stufe 3 = physikalische Ebene. **Über physikalische Gesetzmäßigkeiten debattiert man nicht, man respektiert sie.** Diese Gesetzmäßigkeiten sind: a)Aerosole fliegen bis zu 50m und bleiben bis zu 3h in der Luft. b)Aerosole sind ca. 5mikrometer groß, Maschen von Textilgewebe ca. 500. c)Die Filterschicht in medizinischen Masken besteht aus einem Gewirr von mikroskopisch kleinen Fasern, die Partikel von einigen mikrometer Größe in über 95% abscheiden. Die logische **Schlussfolgerungen:** Abstand und Textilmasken schützen nicht und da Aerosole sich schnell ausbreiten, nützt auch Lüften nach 20min nichts.

Diese Fakten sind lange bekannt. Schon früh im Verlauf der Pandemie traten Infektionen auf, die nur durch Aerosolübertragung erklärbar waren. <u>Professoren und Minister haben falsche Empfehlungen gegeben und dadurch unendliches Leid verursacht. Dafür müssen sie zur Verantwortung gezogen werden.</u> Das Problem: Alle haben ihnen geglaubt und können sich beim besten Willen nicht vorstellen, dass Minister und Professoren Fakes verbreiten. **AHA hat die Pandemie nicht eingedämmt, sondern ihre Verbreitung befördert.**

Die Antwort des Petitionsausschusses* war für mich der Anlass, die 7cm dicke Corona-Akte zu schließen. Parlamentarische Untersuchungsausschüsse und der Petitionsausschuss sind zahnlose Tiger.

Sie vertreten in Ihren Kommentaren ähnliche Ansichten wie ich. Ich möchte „den Stab an Sie übergeben" und hoffe, dass Sie sich einsetzen für a) Propagierung medizinischer Masken <u>überall.</u> und b) die Klarstellung von Verantwortlichkeiten.

Für mich hat die Pandemie klar gemacht, dass wir nicht eine weitere industrielle Revolution (sind wir bei 4?), sondern ein Upgrade unseres Betriebssystems „Windows Steinzeit 1" brauchen. Die Krone der Schöpfung bedeutet für den Planeten eine Dornenkrone. Ich verweise nochmal auf mein Skript.

* Die Antwort kam am 30.01.21. *„Zu der von Ihnen vorgetragenen Thematik liegen dem Petitionsausschuss sachgleiche Petitionen vor.* (Sachgleich?! Ich kann mir nicht vorstellen, dass außer mir noch andere den Vorwurf erheben, das BMG und untergeordnete Institute hätten Fakes verbreitet - gemeint ist AHA - und seien dadurch verantwortlich für vermeidbare Erkrankungen, Todesfälle, den Ruin von Existenzen und einen unvorstellbaren Vermögensschaden. *Bitte haben Sie Verständnis, dass...nicht auf alle der vorgetragenen Aspekte eingegangen werden kann.*

Merkel 02.04.21

Sehr geehrte Frau Bundeskanzlerin Merkel

Es hat ein Jahr gedauert von "Masken sind sinnlos" (Prof. Drosten 1.20) bis "Masken sind ein entscheidender Teil der Pandemiebekämpfung" (Expertise von Wissenschaftlern 1.21). In dem Jahr sind 70000 Menschen an COVID gestorben, das Bruttoinlandsprodukt ist um 250 Milliarden Euro geschrumpft und 16000 Menschen sind pleite.

Muss es ein weiteres Jahr dauern, bis allen klar ist, dass Abstand bei Infektionsübertragung durch Aerosole nicht schützt. Aerosole fliegen experimentell bis zu 50m und bleiben bis zu 3h in der Luft.

Als studierte Physikerin wissen Sie, dass man physikalische Gesetzmäßigkeiten respektiert und nicht einfach ignoriert. Das gilt auch für die physikalischen Eigenschaften von Aerosolen (s.o. 50m, 3h; wie sollen Alltagsmasken 100x kleinere Aerosole filtern?).

Ärztliches Erfahrungswissen über die Ausbreitung von Masern, WINDpocken und Co. ging verloren. "Der Rotz fliegt 1,5m und fällt dann zu Boden, wo er keinen mehr anstecken kann" hat bei mir Kopfschütteln ausgelöst. Es gab schon früh im Verlauf der Pandemie etliche Ereignisse, die diese Behauptung widerlegten (Karnevalsitzung Heinsberg mit Ansteckung über der Hälfte der Anwesenden durch einzelne Erkrankte, Chorproben mit Ansteckung über 12-15m, Ansteckung von 180 Menschen in einer Kirche u.s.w.).
Prof. Braun hat von mir 9 Schreiben (4 Einschreiben und 5 Emails) erhalten. Das letzte vom 28.03.21 ist das kürzeste:

Sehr geehrter Prof. Braun

Die Sache ist sehr einfach.
Abstand schützt nicht.

Alltagsmasken schützen nicht.

Das Vertrauen in die Kompetenz unserer Regierungen ist unwiderruflich weg.
Mein Credo kennen Sie: Medizinische Masken überall, wo Menschen zusammenkommen, bis 90% geimpft sind.
Alltagsmasken habe ich als Kondome aus Jute bezeichnet.
AHA habe ich mit Platzpatronen gegen einen tödlichen Angreifer verglichen.
Die aktuellen Empfehlungen (Alltagsmasken in Schulen; medizinische Masken am Arbeitsplatz nur, wenn der Mindestabstand nicht eingehalten werden kann) habe ich mit einem Damm verglichen, der an mehreren Stellen nicht die nötige Höhe hat.
Die Schreiben dürften nicht gelesen worden sein.
Die Anlagen sind spartanisch. Ich schicke dieses Schreiben auch konventionell mit einem größeren Umfang an Anlagen. Bilden Sie sich ihr eigenes Urteil.

Auszug aus einem Skript für unsere Meditationsgruppe
Unsere **Gewohnheitsmuster** im Denken mit Kategorisierung in festgelegte Begriffe führt zu einer beschränkten Weltsicht, von deren Richtigkeit wir überzeugt sind. Das Gleichnis von den Blinden, die einen Elefanten an verschiedenen Körperteilen anfassen und beschreiben (Bein = Säule, Schwanz = Seil usw.), schildert die Angelegenheit anschaulich. *Der Mensch verschafft sich so einen scheinbaren Beweis für die Richtigkeit seines fragmentierten Weltbildes, obwohl er natürlich die Tatsache übersieht, dass er es mit seinem Handeln, das auf sein Denken folgt, selbst ist, der die Fragmentierung herbeiführt, die nunmehr ein autonomes Dasein unabhängig von seinem Wollen zu haben scheint. ...Dadurch erzeugt man das Gefühl, die Fragmentierung brächte nicht anderes zum Ausdruck, als „wie alles in Wirklichkeit ist".* (Anm. A.T.: Ihr lest gerade eine zeitgemäße Definition von Maya). Über die Konsequenzen führt Bohm aus: *Wie schon gesagt, können aber Menschen, die sich von einem fragmentierten Selbst-Weltbild leiten lassen, auf lange Sicht nicht umhin zu versuchen, durch ihr Handeln sich selbst und die Welt in Stücke zu brechen, wie es ihrer gewohnten Denkweise entspricht. ...Daher ist es kein Zufall, wenn unsere fragmentierte Denkweise ein derart breites Spektrum an Krisen hervorbringt: soziale, politische, ökonomische, ökologische, psychologische usw., und dies sowohl im Einzelnen wie in der Gesellschaft im Ganzen. Wozu sollen soziale, politische, ökonomische und andere Maßnahmen dienen, wenn der Verstand so wirr ist* (Anm.: Ich verweise auf ähnliche Aussagen bei Laor ...*Wir haben den Sinn verloren.*) *Ein solches Handeln wird bestenfalls unnütz und schlimmstenfalls zerstörerisch sein.* Wie ihr seht, haben Meditation und spirituelle Ausrichtung mit dem Ziel der Erfahrung des Einsseins durchaus weitreichende Auswirkungen, auch wenn euch das vielleicht gar nicht bewusst ist. Bohm: *Es erfordert ... eine innere Maßgerechtigkeit etwa in Form von körperlicher Gesundheit, maßvollem Handeln und Meditation, wodurch man Einblick in die Angemessenheit* (Anm. A.T. besser wäre Begrenztheit) *des Denkens erlangt.*

Menschen sind äußerst kreativ im Erfinden von Geschichten; die können wahrheitsgetreu, spekulativ, auf Irrtum beruhend, frei erfunden oder gelogen sein. Leider sind Menschen aber meist so unvernünftig, an diese Geschichten zu glauben, ihnen mit Gewalt Gehör zu verschaffen und andere Geschichten als ketzerisch zu brandmarken. Ich verweise auf Nationalsozialismus, Kommunismus, leider auch auf Religionen, und aktuell auf einen Herrn Trump. Die dadurch verursachten Probleme können nur durch eine Änderung im Bewusstsein gelöst werden. Den radikalsten Lösungsansatz finden wir bei Eckhart und Patanjali. Dort geht es nicht um Veränderung der Denkmuster, sondern um ihre Auflösung. Wir sollten uns darüber klar werden, dass unsere Denkmuster aus der Steinzeit stammen. Die Inhalte (z.B. Nicht-Muslime soll man töten. Ketzer müssen verbrannt werden. Randnotiz: Eckhart wurde als Ketzer verurteilt und nicht rehabilitiert; wer seine Schriften verbreitet, müsste eigentlich exkommuniziert werden.) ändern sich, die Strickmuster bleiben: Was Häuptlinge (König, Papst, Professor) sagen, muss wohl stimmen (allerdings nimmt die Zahl der „Experten" exzessiv zu). Häuptlinge machen natürlich keine Fehler, denn das würde Gesichtsverlust und Abstieg in der Hierarchie bedeuten. Was alle glauben, muss wohl wahr sein (Früher: Die Erde ist eine Scheibe. Heute: 1,5 m schützen vor Infektion mit Covid19). Was immer wieder gesagt wird (Werbung, Propaganda), wird irgendwann wider besseres Wissen als wahr akzeptiert. In der Wissenschaft ist ein häufiges Problem, dass aus einem zeitlichen Zusammenhang ein ursächlicher konstruiert wird. Im Sozialverhalten haben wir Denk- und Verhaltensmuster basierend auf Stammesgemeinschaften, eine häufige Ursache für Konflikte. Das Hauptproblem aber bleibt die oben beschriebene Fragmentation (beschränkte Sicht), deren Wurzel letztendlich in dem liegt, was Patanjali als **Avidya** bezeichnet. Das Problem, welches durch konzeptuelles Denken verursacht wird, kann nicht durch den Verstand gelöst werden, der ja die Ursache des Problems ist. Ein neues integrales Bewusstsein ist nötig.

Klinikum der Stadt Köln gGmbH

Aerogene Transmission Ausbruchsbeschreibung Masern

- 12 jähriger Index-Fall in einer Kinderarztpraxis untersucht am 2. Tag des Exanthems, heftiges Husten während der Untersuchung
- Der Patient war nur in einem Untersuchungsraum (nicht in Wartebereichen)
- 7 weitere Fälle traten auf
  - 4 Patienten hatten Kontakt in der Warteregion, als der Indexfall hindurch zum Untersuchungszimmer ging bzw. daraus wieder zurückkehrte
  - Nur ein Fall hatte face-to-face Kontakt im Abstand von 1m
  - Die 3 übrigen Fälle waren niemals im selben Raum wie der Index-Fall, ein Patient kam erst eine Stunde nachdem der Index-Fall die Praxis bereits verlassen hatte
- Luftführungsuntersuchungen bestätigten, dass sich die Luft aus dem Untersuchungsraum in der gesamten Praxis verteilte.

Pediatrics 1985;75(4):676-83 Bloch AB et al.

Handwritten annotations (left margin):

Coronaviren verbreiten sich ebenso
Wie Masern über kleinste Tröpfchen,
auch über größer Distanz und
längere Zeit. Die 1,5m Regel ist
wirkungslos. ≠ Aktive Masken
(Textilmasken Richen nicht) und
Händedesinfektion schützen.

Masken sind wesentlich kontagiöser
(ansteckender) als Covid 19.

Die Mustersansgsrate sagt nicht(s)
über die Gefährlichkeit eines
Virus aus.

Ⓧ 2/21 Die britische Mutante
dürfte Masern nicht nachstehen

Handwritten annotations (top / right):

Schmierschine = Aerogene Übertragung
(29.4.20) → Maßner 1

Coronaviren stecken über räumliche und zeitliche Distanz an.
Darüber habe ich informiert: Bundesministerium für Gesundheit, Bundesministerium für Wirtschaft,
Christian Lindner (FDP), Prof. Lauterbach (SPD), Prof. Montgomery (ehem. Präsident BÄK), Maß klein schmink
Bundesärztekammer (BÄK) NDR Visite, WDR Quarks, WDR hart aber fair, ZDF Gilner, Dr. Seiler ohne Will
Spiegel, DIHK, DEHOGA, ADD und andere

Etliche haben mehrere Scheiben bekommen. Prof. Braun z.B. g_

└ spare auch an Prof. Slobel, Prof. Leich Dr. Lust

Signature block (bottom right):

Albert Tigges
Facharzt für Allgemeinmedizin
Kronenstr. 26 · 59757 Arnsberg
Tel. 02932-96282

Sehr geehrter Prof. Brockmann.   04.12.21
.
Sie waren gestern im Heute Journal zum Thema Corona zu sehen. Prof. Lauterbach beruft
sich u.a. auf sie und sagt, dass die Anzahl der Kontakte zurückgegangen sei oder auch
nicht. Ich habe mich schon immer gefragt, wie er an die Zahlen kommt und wie valide die
sind. Eine Emailanfrage an ihn ist sinnlos. Das habe ich früher erfolglos versucht.
Vielleicht sind die Chancen bei Ihnen höher.
Ich kann mir nur vorstellen, dass Sie Handydaten auswerten. Wie die Algorithmen Ihres
Programms aussehen, wäre interessant, weil darauf ja die Zuverlässigkeit beruht. Für die
Wettervorhersage benutzt man Superrechner mit sehr komplexen Programmen. Meist ist
das einigermaßen zuverlässig. Manchmal kann es aber sein, dass ein kleines Detail für
die Berechnung fehlt und ein Unwetter nicht vorhergesagt wird.
Wenn Ihre Daten auf Handys beruhen, könnten Sie z.B. nicht berücksichtigen, ob und wie
und welche Masken (es hat ein Jahr gedauert, bis medizinische Masken vorgeschrieben
waren) getragen werden. Des weiteren gehen Sie vermutlich von der Prämisse aus, dass
Abstand schützt. Ihnen wird sicher bekannt sein, dass im Spätsommer 20 ein Gremium
aus 239 Wissenschaftlern aus 32 Ländern in einem offenen Schreiben an die WHO darauf
hingewiesen hat, dass bei Übertragung durch Aerosole Abstand nicht ausreichend schützt.
Die Corona-Warn-App ist unwirksam! Auch wenn uns die Mainzelmännchen jeden Abend
das 11. Gebot predigen, ändert das nichts am fehlenden Wahrheitsgehalt. Die Bibel muss
nicht umgeschrieben werden.
Weil Sie die Wirksamkeit von Masken in Ihren Modellrechnungen vermutlich nicht
berücksichtigen, schicke ich Ihnen Daten zu Südkorea. Zur Abrundung bekommen Sie
auch die Untersuchung von Prof. Lednicky über den Nachweis von infektiösen Aerosolen
in 5 m Abstand. Dass im März 20 sich bei einer Chorprobe trotz Sicherheitsabstand
(Volleyballfeld) 2/3 angesteckt haben und 2 gestorben sind, wissen Sie sicher. Dass sich in
einem Umkleideraum etliche angesteckt haben, obwohl man einzeln nacheinander eintrat,
wissen Sie vermutlich nicht. Und was ärztliches Erfahrungswissen zur Übertragung von
Masern und WINDpocken sagt, ist mir als Allgemeinarzt in Rente bekannt, aber nicht Prof.
Wieler, obwohl in alten Merkblättern des RKI zu Masern und Windpocken "Aerosole",
"ohne direkten Kontakt", "über mehrere Meter", "bis zu 2Stunden" steht. Die
Ausbruchsbeschreibung Masern von 1985 sagt schon alles. Mehr braucht man eigentlich
nicht.
Auf den Punkt gebracht: <u>Wenn Ihre Algorithmen auf dem "11. Gebot" beruhen, haben Sie
ein fehlerhaftes Programm.</u>
Ich würde mich sehr freuen über eine Antwort.
Übrigens: Wie die Realität aussieht. können Sie im Heute Journal von gestern Minute 3:11
sehen: In der Panoramasicht ein volles Stadion. Im Zoom sieht man, dass keine Masken
getragen wurden. Da Sie nicht Mediziner sind, möchte ich hier noch anmerken, dass man
von vollständiger Impfung und Impfdurchbrüchen erst reden kann, wenn man 2 Impfen im
Abstand von 4-6 Wochen und einen Booster nach 6-12 Monaten (in der gegenwärtigen
Situation würde ich den Booster schon nach 3 Monaten empfehlen) bekommen hat. Das
macht man bei der Hepatitis-B-Impfe seit Jahrzehnten so. Da gibt es aber einen Professor,
dem die Evidenz für Boostern fehlt!!! Ohne irgendeine Evidenz habe ich früher meinen
Patienten gesagt, dass sie nach 2 Impfen etwa 80-90% Schutz und nach der
Boosterimpfung einen fast vollständigen lang anhaltenden (immunologisches Gedächtnis
der T-Zellen, kann man im Gegensatz zu Antikörpern nicht messen) Schutz haben.

Mit freundlichem Gruß
Albert Tigges

Sehr geehrte Frau Prof. Brinkmann   12.01.22

Die Frage, ob dreifach Geimpfte tatsächlich erkranken, treibt mich aktuell um. Zur Haltbarkeit nach Verdünnen (6 h) habe ich bei Biontech und beim PEI angefragt. Ob ich je eine Antwort bekomme, steht in den Sternen. Dass die Kanüle in den Sehnenansatz statt in den Deltoideus (im TV zu sehen) gestochen wird, dürfte eine Ausnahme sein.

Bei Wikipedia (Tozinameran) kann man lesen, dass nackte m-RNA physikalisch und thermisch instabil ist. Zur Stabilisierung sind Lipid-Nanopartikel nötig. Bitte lesen Sie den folgenden Auszug (fett durch mich) und schauen Sie dann in der ZDF-Mediathek die 19 Uhr Heute Sendung ab 6. Minute an, wo Hausarzt Dr. Böttcher zügig, **sehr zügig** die Spritze injiziert.

*Pharmazeuten weisen auf die Wichtigkeit der richtigen Aufbereitung des Impfstoffs hin, da mRNA-Impfstoffe sehr empfindlich seien. Mögliche Fehlerquellen, die zu einer abgeschwächten Wirkung bis hin zur Wirkungslosigkeit des Impfstoffs führen können, sind dabei:[51] die Nichteinhaltung der Kühlkette (Schädigung der mRNA), unsachgemäßer Transport der Impfdosen nach dem Verdünnen (z. B. auf einem Rollwagen), zu starkes Schütteln der Impfdosen bei der Zubereitung, Verwendung von zu kleinen Kanülen, **zu schnelle Injektion (Scherkräfte/Druck schädigen die mRNA)**, die Verwendung von zu großen Spritzen (Dosierungsprobleme) sowie größere Luftansammlung in der Spritze (mehrmaliges Aufziehen/Austreiben schädigt mRNA).*

Ich bin gespannt, ob Sie morgen bei Frau Illner (mindestens 3 Schreiben) darauf hinweisen, dass Abstand nicht schützt (auch wenn das in der Arbeitsschutzverordnung steht und uns von den Mainzelmännchen allabendlich gepredigt wird). Auf der Liste der Adressaten finden Sie auch Rangar Yogeshwar, der von mir zweimal per Post (c/o) umfangreiche Unterlagen zu Corona bekommen hat und wissen müsste, dass **AHA ein Fake mit katastrophalen Folgen** war.

Mit freundlichem Gruß
Albert Tigges

Sehr geehrter Dr. Dahmen.   23.12.21

Als ehemaliger Unfallchirurg wissen Sie sicher, dass die Grundimmunisierung gegen
Tetanus aus 2 Basisimpfen im Abstand von 4-6 Wochen und der Boosterimpfung (!
Booster, nicht Auffrischimpfung!) nach 6-12 Monaten besteht und man dann alle 10 Jahre
eine Auffrischimpfung verabreicht, das Standard-Impfschema. Haben Sie sich nicht
gewundert, dass das Impfzertifikat und Prof. Lauterbach ein komplette Impfung schon
nach 2 Impfen attestierten. Haben Sie sich nicht darüber gewundert, dass man sich über
die Abnahme der Antikörper nach 2 Impfen gewundert hat. Waren Sie nicht erstaunt, dass
Op-Masken (bestehen aus Geflecht mikroskopisch kleiner Fasern, die laut Wikipedia 4.20
dem Eigen- und Fremdschutz dienen und über 95% der Aerosole filtern) "wenn sie
überhaupt schützen dann nur als Fremdschutz" dienen? Waren Sie nicht irritiert, das
Textilmasken mit Maschen 100 x größer als Aerosole als Schutz empfohlen wurden zu
Zeiten, wo der Lieferengpass für FFP2-Masken behoben war. Haben Sie wirklich geglaubt.
dass Abstand gegen eine Infektion durch Aerosole (nach ärztlichem Erfahrungswissen
Ansteckung bei Masern & Co über etliche Meter und bis zu 2 Stunden) schützen kann
oder dass Stoßlüften in Schulklassen alle 20 Minuten schützt?
Haben Sie wirklich geglaubt, das AHA die Pandemie eindämmt.
Ich habe seit Beginn der Pandemie immer wieder darauf hingewiesen, dass AHA die
Pandemie nicht eingrenzt, sondern befeuert ("Kondome aus Jute", "mit Platzpatronen
gegen einen tödlichen Feind kämpfen"). In den Anhängen Brockmann 16.12 und Plasberg
4 Fakten/Zatecky finden Sie eine Auflistung über die Fehler der Medizinprofessoren.
Meine Sorge war, dass Professoren anderer Fachgebiete, die uns Prof. Lauterbach als die
neuen (Un?) Heilsbringer empfiehlt, uns wieder aufgrund falscher Prämissen Leid bringen.
Meine Anmerkungen dazu finden Sie im Anhang Redaktion...21.12 unter Szenario 1 + 2.
Ein Zusammenstellung über Corona finden Sie in der Übersicht und Auszüge aus
Schreiben in der Synopsis. Weitere Anhänge untermauern meine Aussagen. Das ist nur
ein kleiner Auszug.

Mit freundlichem Gruß
Albert Tigges (Hausarzt in Rente)

Arnsberg, 22.11.21

Sehr geehrter Herr Plasberg

Falls Sie Corona-Versagen zum Thema Ihrer Sendung machen sollten, hier die Zusammenstellung der Kernaussagen.

Coronaviren (im engeren Sinne Covid 19) werden ebenso wie Masern, Windpocken, Pocken, Grippe, Erkältungsviren (zu denen verschiedene andere Coronaviren gehören) u.a. durch Aerosole übertragen, über räumliche und zeitliche Distanz (siehe alte Ratgeber des RKI).
Aerosole sind einige Mikrometer groß und können mit Nebel (bleibt stehen) im Gegensatz zu Tropfen (fallen zu Boden) verglichen werden. Sie bleiben 2-3 Stunden ansteckungsfähig in der Luft und verbreiten sich innerhalb von Minuten über zig Meter. Diese Erkenntnisse sind nicht neu. Sie entsprechen scheinbar vergessenem ärztlichen Basiswissen (WINDpocken). Schon früh im Verlauf wurden Ansteckungen über etliche Meter beobachtet. Durch aufwändige wissenschaftliche Untersuchungen wurde die Ansteckung durch Aerosole „neu" entdeckt.
Daraus folgt, dass Abstand von 1,5 Meter nicht schützt und Alltagsmasken aus Textilgewebe mit einer Maschenweite im Millimeterbereich (also etwa 100 x größer als Aerosole) auch nur unzureichend schützen.
Hygienemaßnahmen wie Händewaschen verhindern nicht die Übertragung durch Aerosole.
AHA bietet keinen ausreichenden Schutz und kann die Pandemie nicht eindämmen. Das Befolgen dieser Empfehlungen begünstigt im Gegenteil die Ausbreitung.
Folgende Empfehlungen sind geeignet, die Pandemie einzudämmen: Korrektes Tragen medizinischer Masken (filtern bei korrektem Sitz über 95% der Aerosole) überall, wo Menschen sich ansammeln, auch draußen, bis 90% der Menschen (weltweit) komplett geimpft sind oder die Erkrankung überstanden haben.
Als vollständig geimpft gilt jemand, der 2 Basisimpfen im Abstand von 4-6 Wochen und eine Boosterimpfung nach 6-12 Monaten erhalten hat. Von Impfdurchbrüchen kann man erst sprechen, wenn jemand vollständig geimpft ist. Die Rate dürfte erfahrungsgemäß bei wenigen Prozent liegen, bedingt z.B. durch altersbedingte oder anders verursachte Immunschwäche. Auffrischimpfen erfolgen üblicherweise nach 3-10 Jahren, bei sich ändernden Viren schon eher mit modifizierten Impfstoffen.
Hohe Inzidenzen mit hoher Replikationsrate des Virus erhöhen das Risiko für Mutationen, die ansteckender und gefährlicher sein können als das ursprüngliche Virus (siehe Delta). Die Sterblichkeitsrate bei CoVid19 ist wesentlich niedriger als bei seinen Verwandten SARS und MERS. Theoretisch könnte sogar ein „komplett überarbeitetes" Virus entstehen, gegen das die Impfen nicht schützen.
Das Leid durch Corona ist unvorstellbar groß. Leider wurde und wird es durch Fehler und Versäumnisse bei sogenannten Experten, Politikern und Medien mit falschen Empfehlungen potenziert. Als Querdenker nach neuer Nomenklatur gilt jemand, der Fakten ignoriert und dadurch Schäden verursacht. Nach dieser Definition besteht fast die gesamte Republik aus Querdenkern. Wenn die Schreiben eines Hausarztes an oben Genannte (das erste vom 24.03.20) im Abfallkorb landen, kann man das mit Ignoranz und Arroganz erklären. Wenn aber ein Schreiben von 230 Wissenschaftlern aus 32 Ländern mit dem Hinweis auf Aerosole und unzureichendem Schutz durch AHA vom Spätsommer 20 ignoriert wird, kann man in der Tat von Querdenkern bei WHO u.a. sprechen. Natürlich gibt es noch andere Erklärungen. Bei unserem „Betriebssystem Steinzeit 1.0" bedeutet es Gesichtsverlust mit der Gefahr des Abstiegs in der Hierarchie, wenn man Fehler eingesteht. Achten Sie einmal darauf, wie Politiker antworten, wenn sie auf Fehler angesprochen werden.

Albert Tigges
21.11.2021

Sehr geehrte Frau Dr. Zatecky

Es geht um Corona-Versagen.

Als Allgemeinarzt in Rente verfüge ich noch über scheinbar vergessenes ärztliches Basiswissen. Mein Pandemie-bedingtes Kopfschütteln fing an mit der Aussage von Prof. Montgomery „Der Rotz fliegt 1,5m, wo er zu Boden fällt und keinen mehr ansteckt. Masken dienen, wenn sie überhaupt schützen, nur dem Fremdschutz." Warum heißen WINDpocken so? Wieso kennt der Leiter des RKI alte Merkblätter seines Instituts zu Masern und Varicellen nicht? Auf welchen Studien beruht die Evidenz für das „11. Gebot"? Wieso kennen Professoren nicht das Standard-Schema für Impfen (2 im Abstand von 4-6 Wochen, Booster nach 6-12 Monaten und Auffrischung nach 3-10 Jahren)? Wieso verwechseln Professoren Booster und Auffrischung? Wieso spricht man bei unvollständig Geimpften von Impfdurchbrüchen? Wie kann man Alltagsmasken empfehlen, deren Maschen etwa 100 x größer als Aerosole sind? Wieso fällt das Frau Dr. Zatecky nicht auf (inzwischen wissen Sie es)? Wieso empfehlen BMG und RKI Alltagsmasken, obwohl der TÜV Nord im Sommer 20 Tausende Masken im Auftrag des BMG untersucht hat (medizinische Masken filtern über 95 %, Alltagsmasken 10%). Wieso empfiehlt Herr Spahn Alltagsmasken, obwohl das dem Bund unterstellte DLR-Institut eine Filterwirkung von nahezu Null bei Alltagsmasken gefunden hat? Wieso schlussfolgert das entsprechende Institut trotzdem, dass Alltagsmasken schützen? Hat Herr Spahn diese Untersuchung in Auftrag gegeben und durchblicken lassen, welches Ergebnis ihm vorschwebt? Wieso sagt Prof. Drosten im Januar 20, Masken seien sinnlos, obwohl damals auf Wikipedia und im Lehrbuch „Hygiene, Infektologie, Mikrobiologie", Jassoy, Thieme-Verlag, 1918 zu lesen war, dass medizinische Masken über 95% der Aerosole filtern und dem Fremd- und Eigenschutz dienen? Wieso empfehlen sogar die Mainzelmännchen „Maske nur bei fehlendem Abstand"? Wieso steht in den Arbeitsrichtlinien (11.20), dass FFP2-Masken nur getragen werden müssen, wenn man den Mindestabstand nicht einhalten kann oder durch Plexiglas geschützt ist? Wieso legt Prof. Streeck in einer ZDF-Dokumentation dar, dass einige Erkrankte über die Hälfte der in der Halle (Karneval) Anwesenden durch Aerosole ansteckt, sagt aber nicht, dass Abstand nicht schützt. Wieso brauchen Schüler in NRW im Klassenraum keine Masken tragen und wieso wird nur der Erkrankte in Quarantäne geschickt? Wieso erkennt der Petitionsausschuss nicht die Tragweite meiner Vorwürfe gegen Herrn Minister Spahn und lässt mein Schreiben unter den Tisch fallen (Sammelklage)? Wieso stoße ich bei der Vermittlung von Faktenwissen auf eine Mauer aus Ignoranz und vermutlich auch Arroganz? Wieso haben diverse Professoren meine Fragen nicht beantwortet? Die Auflistung ist unvollständig.

Als Antwort fällt mir nur das Zitat von Albert Einstein ein, siehe Corona-Übersicht. Des weiteren verweise ich auf S. 5 der Synopsis.

Mit freundlichem Gruß

Sehr geehrte Frau Dr. Priesemann. 10.12.21

„Ich hatte plötzlich den Eindruck, dass wir in meiner Arbeitsgruppe Sachen wissen, die für die Gesellschaft wichtig sind, die andere aber noch nicht wissen. Das ist ein ganz komisches Gefühl." Fühlt sich Viola Priesemann von der Politik ausreichend gehört? Die Kanzlerin, da ist sie sicher, muss ihre Veröffentlichungen rasch zur Kenntnis genommen haben.

Das obige Gefühl habe ich auch gehabt. Allerdings stoße ich auf eine Wand aus Ignoranz (9 Schreiben an Prof. Braun, eins an Frau Merkel, etliche an Quarks, mein Corona-Sammler wiegt 5kg, die Adressaten finden Sie auf der Ausbruchsbeschreibung Masern von 1985) und Arroganz (als noch keiner von Aerosolen redete, auch nicht Prof. Lauterbach, habe ich dessen Büro angerufen. "Wir haben Belehrungen durch einen Hausarzt nicht nötig" sagte der Mitarbeiter des Büros. Das folgende Zitat stammt aus meinem Schreiben an NDR und WDR vom 24.03.<u>20</u>. *Ich möchte hier nochmals betonen. Wenn wir uns nach Aufhebung der modifizierten Ausgangssperre auf 1,5 m Abstand verlassen, werden wir eine leidvolle Bauchlandung machen. Die **Übertragung erfolgt durch Tröpfcheninfektion. Die lässt sich nicht durch Abstand, sondern durch Schutzmasken vermeiden.***

Man kann aus der Pandemie einiges lernen. **1)** In der überbordenden Menge an Meinungen, Spekulationen und Falschnachrichten gehen die Fakten unter. Konkret räumt man Interviews von Passanten zu tagespolitischen Themen in den Nachrichten mehr Zeit ein als wissenschaftlichen Erkenntnissen, die eigentlich wie eine Bombe einschlagen müssten: **Mit FFP2-Masken ist das Infektionsrisiko extrem niedrig. Ohne steckt man sich auch über 3m innerhalb kurzer Zeit an.** Anders ausgedrückt: **Abstand schützt nicht.** Das Dogma, welches ich das "11. Gebot" nenne und was uns die Mainzelmännchen jeden Abend predigen, stimmt genau so wenig wie die Behauptung, die Erde sei eine Scheibe. **2)** Das zweite stimmt aber leider auch und ist neben dem planlosem Zickzack der Politik eine Ursache für Vertrauensverlust. Experten (das kann ich für die Mediziner belegen) verbreiten Falschnachrichten. Prof. Drosten behauptet zu Beginn der Pandemie, Masken seien sinnlos (in medizinischen Lehrbüchern steht das Gegenteil). Prof. Montgomery sagt "Der Rotz fliegt 1,5m und fällt dann zu Boden, wo er keinen mehr ansteckt. Masken, wenn sie überhaupt schützen, dienen nur dem Fremdschutz". Prof. Wieler schwört uns zusammen mit Herrn Spahn auf die AHA-Regeln ein, die die Pandemie nicht eingrenzen, sondern befeuern. In alten RKI-Ratgebern zu Masern und WINDpocken steht "Aerosole", "über mehrere Meter", Über 2 Stunden", "ohne Kontakt". Virologen (man hätte besser Immunologen befragt) behaupten, die Immunität lasse sich an der Höhe der IgA-Antikörper ablesen. Falsch. Dann ist man überrascht, dass die Antikörper schnell abnehmen (Hallo!! Das ist normal. Das übliche Impfschema besteht aus 2 Basisimpfen in 4-6 Wochen mit ca. 80-90% Schutz und der Boosterimpfung, nach der man hohe und langanhaltende IgG-Antikörper und eine stattliche Anzahl an Gedächtniszellen - die haben neuerdings auch die Virologen auf ihrem Schirm - hat. Zu lokaler und systemischer Immunität verweise ich auf meinen gestrigen Brief an Frau Quadbeck. Mit 2 Impfen ist man nicht komplett geimpft, wie es im Impfzertifikat steht und wie Prof. Lauterbach das auch geglaubt hat, der übrigens kein Arzt, sondern Mediziner ist. Prof. Mertens bezweifelt den Nutzen der Boosterimpfung zu einem Zeitpunkt, wo positive Ergebnisse aus Israel vorlagen und Biontech einen zigfachen Anstieg der Antikörper belegen konnte. Ich habe mehrfach geschrieben: Ich schäme mich für meinen Berufsstand! Man kann die Skepsis (ich meine nicht die Irren) mancher Menschen verstehen. **3)** Kaum jemand gesteht Fehler ein. Das liegt an unserem Betriebssystem "Windows Steinzeit 1.0". Näheres siehe Ende der Synopsis.

Mein Anliegen an Sie ist das gleiche wie in meinen Schreiben an Prof. Brockmann und Prof. Schneider, die nicht geantwortet haben. Auf welchen Ausgangsdaten und welchen Berechnungsmethoden basieren Ihre Modelle. Zu diesem Gebiet habe ich keinerlei Kenntnisse. Ich kann nur anmerken, dass die Wettervorhersage trotz einer Unmenge an Daten und Hochleistungsrechnern nicht immer stimmt. Eine Sonnenfinsternis vorauszusagen ist dagegen ein Kinderspiel. Ihr Arbeitsgebiet sind eigentlich Neuronale Netzwerke. Dann wissen Sie sicher, wie komplex Leben ist. Sie waren früher bei Prof. Singer. Ich will hier kein neues Feld aufmachen und verweise auf das Buch von W. Singer und M.Ricard "Jenseits des Selbst" (Anm. gemeint ist das Ego und nicht der ATMAN) S. 308 letzter Absatz und den Abschnitt "Rätselhafte Erfahrungen" ab S. 320.

Ich zitiere aus meinem Schreiben an Prof. Brockmann: *Verstehen Sie mich bitte nicht falsch. Ich schätze wissenschaftliches Vorgehen sehr. Ich verstehe darunter eine klar definierte Methodik, mit der man zu reproduzierbaren Ergebnissen kommt. Wissenschaft ist ein wertvolles Instrument, hat aber Grenzen.....Mein Problem mit Wissenschaft im Rahmen der Pandemie ist aber, dass durch falsche Empfehlungen von medizinischen Experten unendliches Leid verursacht wurde....Ich möchte nicht wieder erleben, dass auf den Rat von anderen Experten (Prof. Lauterbach spricht immer wieder von Modellierern, die den Einfluss verschiedener Faktoren in Rechenmodellen abschätzen) wieder/weiter vermeidbar Menschen erkranken und sterben. **Meine Bitte an Sie** ist, dass Sie mir und der Öffentlichkeit in einfachen Worten erklären, welche Daten Sie wie erheben, wie die Methodik der Datenanalyse aussieht und nach welchen Kriterien Sie Schlussfolgerungen ziehen. Über die Medien bekommt man ja im allgemeinen nur die Schlussfolgerungen präsentiert.* Ich zitiere aus meinem Schreiben an Prof. Schneider: *Meine Fragen an Sie: Berücksichtigen Sie in Ihren Berechnungen, dass eine Ansteckung über viele Meter und 2-3 Stunden möglich ist, dass Aerosole sich innerhalb von Minuten in einem Raum verbreiten, dass FFP2-Masken sehr gut schützen und dass Abstand nicht schützt? Die Arbeit von Prof. Bodenschatz MPI Göttingen ist auch eine Modellrechnung, also in meinen Augen nur richtungsweisend. Demnach ist das Ansteckungsrisiko mit Masken ohne! Abstand 0,14% und ohne Masken bei 3m Abstand fast 100% (Quarks). Im wirklichen Leben war es so, dass sich im März 20 in den USA bei einer Chorprobe in einem Raum von der Größe eines Volleyballfeldes über 2,5h bei einem asymptomatisch Erkrankten von 60 45 ansteckten und 2 starben. Weitere Episoden finden Sie in meiner Corona-Übersicht. Kennen Sie den Vergleich der zweiten Welle zwischen Südkorea (medizinische Masken, flächendeckende Teste) und Deutschland (keine Masken oder unzureichende Alltagsmasken, schleppender Beginn mit Testen)? Wie wären Ihre Berechnungen ausgefallen mit gleichen Algorithmen im Ländervergleich.* Die Sache mit den R-Werten ist nachvollziehbar, aber?? Sie kennen die frühere Schlagzeile, jedes Jahr würden ?180000? Menschen an Feinstaub sterben. Ich habe mich gewundert, denn in keiner Todesstatistik taucht Feinstaub auf. Das waren Rechentricks. Über das Problem fehlerhafter Daten und Berechnungen könnte ich noch anmerken, dass vor langer Zeit ein gewisser Prof. Lauterbach beklagt hat, in Deutschland wäre die Rate an Amputationen wegen Diabetes und die Rate an Brustoperationen im Vgl. zu Nachbarländern zu hoch. Beides stimmte nicht. Nochmals meine Bitte: Welche Daten finden Eingang in Ihre Berechnungen und was sind die Algorithmen. Berücksichtigen Sie die Untersuchungen aus Ihrem Haus über Masken in den Berechnungen? Ein ganz wichtiger Punkt!! Zum Abschluss zitiere ich mich mit einem immer wiederholten Satz. Mein Credo seit Beginn der Pandemie ist: **Masken überall wo Menschen zusammenkommen, auch draußen, bis 90% geimpft sind.**

Als Anlagen füge ich nur die aktuellen Schreiben an Prof. Lesch und Frau Quadbeck sowie die Coronaübersicht, Synopsis und Masernausbreitung an. Prof. Bodenschatz hat über 20 Anlagen bekommen. Ich habe übrigens der Redaktion Hart aber fair vorgeschlagen, eine Sendung zur Aufarbeitung von Fehlern und Versäumnissen in der Pandemie zu machen, und als Gäste Prof. Bodenschatz, Prof Kekule und den Journalisten Herrn Mascolo einzuladen. Ach ja, ich vergaß, dass ich ja nur ein Hausarzt bin, auf dessen Rat man nicht hört.

Mit freundlichem Gruß
Albert Tigges

In der gestrigen Sendung Hart aber fair sagten Sie, dass an der Impfung 1 von 1.000.000 stirbt. Wenn das Risiko von Impfung und Erkrankung gleich wäre, hätten nur 15 an der Erkrankung sterben dürfen. Nicht genannt wurde die Zahl der Verstorbenen. Die liegt bei etwa 100.000. Somit ist das Risiko der Erkrankung 6667 mal höher als das der Impfung. So eine Zahl ist fassbarer. Autofahren ist viel gefährlicher.

Ich habe mehrere Anliegen.

Seit Beginn der Pandemie versuche ich, offensichtlich vergessenes ärztliche Erfahrungswissen bekannt zu machen. Die Übertragung erfolgt durch Aerosole über räumliche und zeitliche Distanz. Der bestmögliche Schutz besteht nicht durch Abstand, sondern durch korrekt getragene Masken, bis 90% der Menschen komplett geimpft sind.

Als Hausarzt in Rente sind meine Kenntnisse über Immunologie begrenzt und veraltet. Trotzdem könnte dieses Wissen Denkanstöße liefern. Wieso in meinem Impfzertifikat nach 2 Impfen stand, ich sei komplett geimpft, wieso Prof. Lauterbach das auch gesagt hat und wieso Prof. Mertens den Nutzen einer Boosterimpfung in Frage stellt, ist mir nicht erklärbar. Das übliche Impfschema (z.B. bei Hepatitis-B oder Tetanus) bestand schon immer aus 2 Basisimpfen im Abstand von 4-6 Wochen, einer Boosterimpfung nach 6-12 Monaten und Auffrischimpfen nach 3-10-nn Jahren. Die Masernimpfe hält ein Leben, die Hepatitis-B-Impfe Jahre bis Jahrzehnte (bei Mutanten beschränkt oder annulliert), bei Antigendrift muss man jährlich anpassen.

Neben der unspezifischen Immunabwehr gibt es die spezifische. Zu Beginn werden IgA als Schleimhautschutz gebildet. Virologen waren überrascht, dass die schnell abfallen. Das nutzt man schon lange, um die Aktualität einer Infektion abzuschätzen. Ähnliches gilt für IgM. Langanhaltenden Schutz geben IgG Antikörper und die Gedächtniszellen, deren Existenz inzwischen auch den Virologen bekannt ist. Kommen wir zu 3 Sachen aus der Medizingeschichte, die Sie vermutlich nicht kennen. 1.) Die Hepatitis-B-Impfe war anfangs nur für Risikogruppen (Medizinbetrieb u.ä.) zugelassen. Dort gab es Titerkontrollen und willkürlich festgesetzte Grenzwerte mit entsprechenden Handlungsempfehlungen. Bevor die Impfung für Neugeborene eingeführt wurde, gab es Diskussionen, ob man dort auch Titerkontrollen machen müsse. Mehrere Einzelfälle, wo sich Menschen mit eigentlich ungenügendem Schutz infiziert (üblicherweise durch Kanülen) hatten, aber nicht krank wurden, führten dazu, dass man keine Titerkontrollen vorschrieb. Meine Frage an Sie ist, ob man heute schlauer ist mit den Angaben zu Grenzwerten bei den Antikörpertitern. Wenn man das durch Studien belegen wollte, müsste man bei zigtausenden Geimpften regelmäßig Titerkontrollen machen und erfassen, ab wann es Impfdurchbrüche gibt. Unter Impfdurchbruch verstehe ich eine Erkrankung und keinen Ausscheiderstatus. Damit sind wir bei der 2.) Historie. Die Schluckimpfung gegen Polio baute neben der systemischen Immunität eine lokale im Darm auf, so dass Geimpfte nicht nur nicht erkrankten, sondern das Virus auch nicht weitergaben. Das war zumindest die gängige Meinung. Der schwerwiegende Nachteil der Schluckimpfung war Impfpolio, meist bei angeborener Immunschwäche. Weil die Häufigkeit von Polioerkrankungen rückläufig war, stellte man um auf die Spritzimpfung mit abgetöteten Viren, die einen Schutz vor Erkrankung (systemische Immunität), aber keinen Schutz vor Weitergabe des Virus durch lokale Immunität gewährleistete. Man konnte also vorübergehend zu einem Virusausscheider werden, ohne zu erkranken. Ich wünsche mir von unseren Experten, dass sie von Impfdurchbruch erst sprechen, wenn jemand noch kompletter Impfung erkrankt. Wir leben heute mit den Schnelltesten in einer nie gekannten Situation. Deshalb können wir demnächst klären, ob es auch bei Corona zu vorübergehenden Ausscheidern kommt. Das wäre dann kein Impfdurchbruch. Aus der 3.) Sache könnten sich Konsequenzen für das Impfregime ergeben. Bei der Hyposensibilisierung war die subkutane Applikation (mit Problemen bei Kindern) der Standard. Als man die orale Hyposensibilisierung (Allergenlösung längere Zeit im Mund lassen) einführte, gab es heftigen Streit über die Wirksamkeit. Die Befürworter führten mit guten Argumenten aus, dass das Immunsystem im Mund anders aufgestellt sei. Wenn dass auch für Impfungen gelten würde, wäre die Konsequenz, dass man unterstützend/ergänzend zur i.m.-Impfe (systemischer Schutz) ein

Mundspray (lokaler Schutz mit Reduktion des Übertragungsrisikos) verabreichen sollte.

Wenn Sie verstehen wollen, warum mir seit Beginn der Pandmie der Nacken weh tut, lesen Sie bitte das Schreiben an Frau Dr. Zatecky. In den weiteren Anlagen stoßen Sie vielleicht auf Dinge, die Sie nicht kannten.

Mit freundlichem Gruß

Sehr geehrter Prof. Watzl.   15.12.21

Sie bekommen heute oder morgen von mir via Post ein Schreiben mit etlichen Anhängen zum Thema Corona. Darin geht es um die Frage, was ein Impfdurchbruch eigentlich ist und wie valide Angaben sind, wo man einen Grenzwert der Antikörpertiter angibt als Maß der Immunität.
Wir haben es im Umgang mit der Pandemie mit einer **Laienspielschar** zu tun. Gestern empfahl die Landesregierung, man könne auch schon 4 Wochen nach der 2. Impfe boostern. Vor kurzer Zeit wurden Menschen wieder nach Hause geschickt, wenn die 2. Impfe erst 5 Monate zurücklag. Die Basisimpfen wirken für den Körper wie ein protrahiert verlaufender Infekt. Eine dritte Impfung innerhalb kurzer Zeit dürfte nicht anders wirken. Erst der Booster nach Monaten wirkt wie eine neue Infektion und regt die Produktion von Gedächtniszellen und Antikörpern massiv an. Ich hätte 3 Monate empfohlen, Sie plädieren für 4 Monate.
Da wurden Alltagsmasken und Abstand empfohlen, dann medizinische Masken nur bei fehlendem Abstand, Masken in Schulen nur auf den Fluren, später auch im Klassenzimmer. Bei Erkrankung eines Schülers wurde erst die ganze Klasse in Quarantäne geschickt, dann nur die nächsten Nachbarn, dann nur der Erkrankte. In Supermärkten und anderswo sieht man Menschen hinter Plexiglas ohne Masken. Bei denjenigen, die Masken tragen, sind die oft zu locker oder bedecken nicht die Nase. Politiker betreten einen Raum mit Maske und nehmen vor dem Mikrofon die Maske ab, obwohl man weiß, dass die Virusausscheidung beim Sprechen höher ist als beim Atmen (beim Singen nochmals höher) und die Aerosole sich über viele Meter ausbreiten und 2-3 Stunden ansteckungsfähig in der Luft bleiben. **So kriegen wir nicht die Kurve.**
Ich bin immer noch auf der Suche nach einem **Professor,** der den **Mut** hat zu sagen, dass Alltagsmasken (knapp 1Jahr offiziell empfohlen) und Abstand (aktuell immer noch als wichtigste Maßnahme empfohlen; Masken ggf.bei fehlendem Abstand/fehlendem Plexiglas) nicht schützen. Prof. Kekule (beim Schreiben als Anhang dabei) war nach meinem Wissen der einzige, der sich dazu bekannt hat. Prof Streeck hat Anfang des Jahres im ZDF eine Dokumentation der Ausbreitung über Aerosole gemacht (siehe Anhang). Einige Tage später war er bei Herrn Lanz zu Gast. Der fragte ihn nach seiner Empfehlung zur Eindämmung der Pandemie. Er antwortete mit Wischiwaschi, kein Hinweis auf Aerosole und dass Abstand bei Aerosolen nicht schützt. Ich mache mir ernstlich Sorgen und das ist nicht scherzhaft gemeint. Es werden von Wissenschaftlern, Medizinern und Medien offensichtliche Fakten ignoriert, die nicht zur gängigen Weltsicht passen. Der Rest folgt ihnen wie Lemminge. Wie kann ein Flugkapitän (mit überdurchschnittlicher Intelligenz) nachplappern, dass Masken nur in einer Richtung (als Fremdschutz) dienen (dazu wurden sie erfunden). Mit einem Brotmesser darf man auf gar keinen Fall eine Gurke schneiden!?

Mit freundlichem Gruß

 **Bundeszentrale für gesundheitliche Aufklärung**

untersteht dem BMG
0221/ 8992-0 -3 (Zentrale)
12/20

Virusinfektionen – *Seefeld – 268*
Hygiene schützt!

#zusammengegencorona
Auch bei Coronavirus-Infektion

Mit diesen Maßnahmen können Sie helfen, sich selbst und andere vor Infektionskrankheiten – auch einer Coronavirusinfektion – zu schützen.

Die wichtigsten Hygienetipps

① Halten Sie Abstand

② Achten Sie auf Hygiene beim Husten und Niesen

 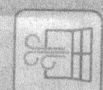  

③ Lüften Sie regelmäßig und gründlich

④ Waschen Sie im Alltag regelmäßig Ihre Hände *Weihnachten nochnichtmehr*

  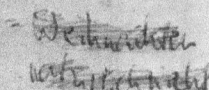

⑤ Tragen Sie gegebenenfalls eine Mund-Nasen-Bedeckung

(gemeint ist, wenn man den Abstand nicht wahren kann)

⑥ Vermeiden Sie Berührungen

⑦ Bleiben Sie zu Hause, wenn Sie krank sind

⑧ Halten Sie die Hände vom Gesicht fern

Ich erspare mir Kommentare.

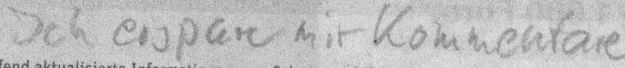

 Laufend aktualisierte Informationen zum Schutz vor Infektionskrankheiten sowie aktuelle FAQ zu Atemwegsinfektionen, verursacht durch das Coronavirus SARS-CoV-2, finden Sie auf den Internetseiten der Bundeszentrale für gesundheitliche Aufklärung: www.infektionsschutz.de und www.bzga.de

 infektionsschutz.de
Wissen, was schützt.

6.12.20

Bundeszentrale für gesundheitliche Aufklärung — BZgA

ROBERT KOCH INSTITUT

infektionsschutz.de
Wissen, was schützt.

8 nützliche Empfehlungen für den Alltag in der Corona-Pandemie

Stand: 22. April 2021

Die Corona-Pandemie befindet sich in der 3. Welle. Neue Virusvarianten sind zum Teil noch ansteckender, gefährlicher und weit verbreitet. Umso wichtiger ist es, sich und andere vor einer Infektion bestmöglich zu schützen. Gerade im Alltag können wir alle zusammen viel dafür tun, dass wir die Ausbreitung des Coronavirus stoppen. Mit unseren 8 wichtigen Empfehlungen für den Alltag können Sie das Virus aktiv ausbremsen und sich und andere vor einer COVID-Erkrankung schützen.

Pandemie-Bremse im Alltag – mit diesen 8 Empfehlungen!

1 Abstand einhalten – im Job, bei privaten Treffen, beim Einkaufen und draußen

Auch bei Verwandten, im Freundeskreis oder bei der Arbeit kann man sich anstecken, wenn man sich ungeschützt zu nahekommt. Deshalb achten Sie ohne Ausnahme auf den Abstand, die Händehygiene und tragen Sie Maske!

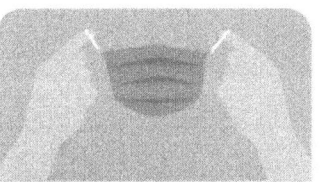

2 Treffen ob drinnen oder draußen – die Maske ist immer dabei

Treffen sollten im Freien oder am offenen Fenster und immer mit Abstand stattfinden. So ist die Ansteckungsgefahr am geringsten. Wenn ein Mindestabstand von etwa 1,5 m nicht möglich ist, ziehen Sie rechtzeitig eine Maske an.

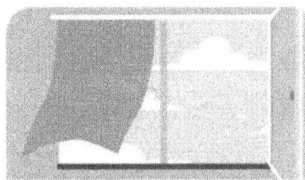

3 Drinnen regelmäßig lüften – frische Luft reinlassen

Bei Treffen in Innenräumen halten Sie Abstand, tragen Sie Maske und lüften Sie regelmäßig. Am besten öffnen Sie alle 20 Minuten die Fenster für 5 Minuten und sorgen so für frische Luft.

4 Freizeit in der Umgebung verbringen – auf Reisen verzichten

Nutzen Sie Freizeit- und Bewegungsmöglichkeiten in Ihrer Nähe: Spazieren, radfahren, walken oder joggen lässt sich auch in der näheren Umgebung. Auf Reisen zu verzichten ist wichtig, damit das Virus nicht mit auf Reisen geht.

5 Negativer Test – das soll auch so bleiben!

Wenn Ihr Schnell- oder Selbsttest negativ ausfällt, ist das eine gute Sache. Achten Sie aber dennoch darauf, dass Sie sich an die AHA+L-Regeln halten. Denn nur so können Sie sich vor einer Infektion schützen. Ihr Testergebnis hat eine Gültigkeit von maximal 24 Stunden - nicht länger.

Und:
Ein Test schützt nicht vor einer Ansteckung – Sie können sich aber schützen: mit AHA+L.

6 Positiv getestet? Informieren Sie Menschen, mit denen Sie Kontakt hatten

Wenn der PCR-, Schnell- oder Selbsttest positiv ausfällt, sollten Sie die Menschen, die Sie privat oder beruflich kürzlich getroffen haben, schnell darüber informieren. Das ist wichtig, weil die Menschen, mit denen Sie Kontakt hatten, sich vielleicht auch infiziert haben.

Achtung:
Ein positiver Schnell- oder Selbsttest muss grundsätzlich durch einen PCR-Test überprüft werden.

7 Wenn man sich krank fühlt – unbedingt zuhause bleiben!

Wer sich krank fühlt, bleibt erst einmal zu Hause. Insbesondere bei Husten, Schnupfen, erhöhter Temperatur, Fieber, einer Störung des Geruchs- oder Geschmackssinns sowie bei allgemeinem Krankheits- und Schwächegefühl, Kurzatmigkeit, Halsschmerzen, Kopf- und Gliederschmerzen.

Telefonieren Sie mit Ihrem Hausarzt oder Ihrer Hausärztin. Sie können auch unter **116 117** oder bei Fieberambulanzen ärztlichen Rat einholen. Es wird in der Regel ein Test gemacht, um festzustellen, ob Sie tatsächlich infiziert sind. Befolgen Sie dann die ärztlichen Anweisungen.

8 Impfen – der sicherste Schutz

Die Corona-Schutzimpfung bietet einen sicheren Schutz vor einem schweren COVID-19-Krankheitsverlauf. Nutzen Sie das Impfangebot. Die in Deutschland zugelassenen Impfstoffe sind wirksam und sicher.

Impfreaktionen klingen in der Regel nach wenigen Tagen ab. Die Impfstoffe werden kontinuierlich kontrolliert und überprüft. Besprechen Sie sich mit Ihrem Arzt oder Ihrer Ärztin, wenn Sie Vorerkrankungen oder Bedenken haben.

Ansteckung vermeiden- Ausbreitung verhindern mit AHA+L

Abstand halten, regelmäßig Hände wäschen, richtig husten und niesen, Maske tragen und in Innenräumen regelmäßig lüften.

Download 12/21

X

Infektionsweg

Masern – eine der ansteckendsten Krankheiten des Menschen überhaupt – werden durch das Einatmen infektiöser Tröpfchen (Sprechen, Husten, Niesen) oder aerogen über Tröpfchen sowie durch Kontakt mit infektiösen Sekreten aus Nase oder Rachen übertragen. Das Masernvirus führt bereits bei kurzer Exposition zu einer Infektion (Kontagionsindex nahe 100%) und löst bei fast allen ungeschützten Infizierten eine klinische Symptomatik aus (Manifestationsindex ebenfalls nahe 100%).

Masernviren wurden nach Kontamination noch nach 2 Stunden in der Luft nachgewiesen. Ansteckungen von Personen, die sich in den gleichen Räumen aufgehalten hatten wie ein an Masern Erkrankter, ohne dass ein direkter Kontakt stattgefunden hatte, wurden beschrieben. Ein direkter Kontakt ist also nicht für die Übertragung der Masern erforderlich.

RKI   Naygabe Varizellen

rki.de/DE/Content/InfAkt/Epid.Bull/Merkblaetter/Naygabe_Varizellen.html

Der Mensch ist das einzige bekannte Reservoir für das VZV.

Infektionsweg

Die Übertragung erfolgt aerogen durch virushaltige Tröpfchenkerne, die beim Atmen oder Husten ausgeschieden werden und unter Umständen im Umkreis von mehreren Metern zur Ansteckung führen können. Ferner ist eine Übertragung durch virushaltigen Bläscheninhalt als Schmierinfektion möglich. Neben Speichel und Bläscheninhalt ist auch die Konjunktivalflüssigkeit infektiös.

Varizellen sind äußerst kontagiös: nach einer Exposition erkranken über 90 von 100 empfänglichen Personen (Kontagionsindex nahe 1,0). Der Begriff

Ansteckungsrisiken durch Aerosole

16. Juni 2020

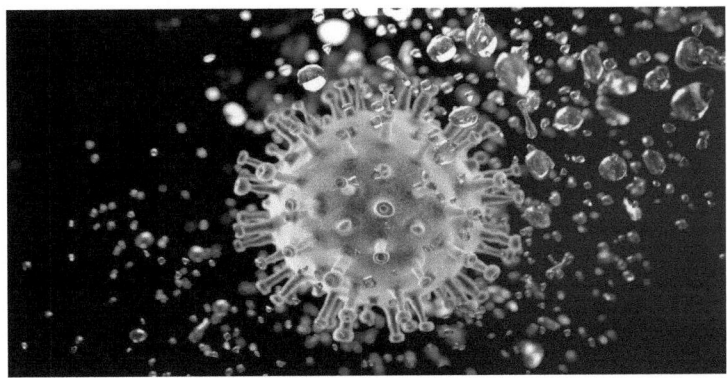

Je mehr die staatlichen Regelungen zur Eindämmung der COVID-19-Pandemie zurückgefahren werden, desto mehr ist eigenverantwortliches Handeln der Bevölkerung gefragt. Hierfür ist aber die Kenntnis der Übertragungswege und Risikosituationen eine wichtige Voraussetzung. Prof. Erin S. Bromage, Mikrobiologe und Immunologe, der derzeit an der Universität in Dartmouth (Massachusetts/USA) lehrt, betätigt sich als wissenschaftlicher Blogger. In einem vielgeteilten aktuellen Blogartikel hat er die wesentlichen Studiendaten zur Übertragung von SARS-CoV-2 zusammengetragen.

«Überall im Land sind wir dabei, wieder Öl ins virale Feuer zu gießen durch die Wiederöffnungen … Mein Ziel hier ist der Versuch, Sie von den Situationen mit einem hohen Risiko wegzuführen», erläutert Bromage zu Beginn seines Blogs seine Intention. Dazu beantwortet er die wesentlichen Fragen zur Übertragung durch entsprechende Studien.

Wo stecken sich die Menschen an?

Die meisten Menschen stecken sich zu Hause an, berichtet Bromage: Nachdem sich ein Familienmitglied in der Öffentlichkeit angesteckt hat, bringt es das Virus nach Hause, wo der anhaltende enge Kontakt zwischen den Familienmitgliedern zu weiteren Infektionen führt.

Wo aber erfolgen die öffentlichen Ansteckungen? «Ich höre oft, dass sich Leute Gedanken machen über Lebensmittelläden, Fahrradfahrer, rücksichtslose Jogger, die keine Masken tragen», berichtet Bromage. Hier müsse man sich nicht wirklich Sorgen machen, wie er erklärt: Um überhaupt infiziert zu werden, muss man erst einmal gegenüber einer infektiösen Dosis des Virus exponiert sein. Basierend auf den Studien zu anderen Corona- und Influenzaviren wird davon ausgegangen, dass für das Angehen einer Infektion relativ geringe Dosierungen notwendig sind. Demnach reichen möglicherweise bereits 1000 Viruspartikel für die Ansteckung aus. Auch wenn diese Dosis noch weiter erforscht werden müsse, nimmt Bromage die 1000 Kopien als Beispielannahme für seine weiteren Erläuterungen. Diese 1000 Viren können entweder durch einen Atemzug mit Inhalation eines sehr infektiösen Aerosols eingeatmet werden, oder durch 10 Atemzüge mit je 100 Viren, oder auch durch 100 Atemzüge mit je 10 Viren. Jede dieser Situationen könnte dann zur Ansteckung führen. Dies macht deutlich, dass die Ansteckung von zwei wesentlichen Variablen abhängt: Die Viruskonzentration des eingeatmeten Aerosols und die Zeit der Exposition.

Wieviel Viren werden wobei freigesetzt?

- **Sanitärräume** haben viele Angriffsflächen, Türgriffe, Wasserhähne und Trennwände. Das Übertragungsrisiko für Keime in einer solchen feuchten Umgebung könnte hoch sein. Auch Toilettenspülungen führen zur Freisetzung von Aerosolen. Solange hierzu keine wissenschaftlichen Daten bezüglich SARS-CoV-2 vorliegen, rät Bromage zur Vorsicht in öffentlichen Sanitäranlagen.

- **Husten**: Ein einzelner Hustenstoß setzt über 3000 Tröpfchen frei, die mit einer Geschwindigkeit von etwa 80 km/h ausgestoßen werden. Die meisten Tröpfchen sind groß und fallen schnell nach unten, doch die kleineren schweben weiter und können in wenigen Sekunden durch einen Raum wandern.

- **Niesen**: Bei einem einzelnen Niesereignis werden über 30 000 Tröpfchen mit einer Austrittsgeschwindigkeit von bis zu 320 km/h ausgestoßen. Die meisten dieser Tröpfchen sind klein und können leicht große Entfernungen innerhalb eines Raums zurücklegen.

- **Atmen**: Mit einem einzelnen Atemstoß werden 50 bis 5000 Tröpfchen freigesetzt. Wegen der Filterfunktion der Nase enthält Nasenatmung weniger Tröpfchen als Luftatmung, außerdem ist die Austrittsgeschwindigkeit hier geringer, sodass die Tröpfchen schneller zu Boden sinken. Außerdem enthält die Ausatemluft niedrigere Virusmengen, als dies beim Husten und Niesen der Fall ist. Als Näherungswert in Anlehnung zu den Erfahrungen bei Influenza ging Bromage bei seinen Überlegungen von 20 Viruspartikeln pro Minute aus.

Bei einem Coronavirus-Infizierten können mit einem einzigen Husten- oder Niesereignis 200 Millionen Viruspartikel ausgestoßen werden. Diese Viruspartikel verteilen sich überall in der Umgebung des Infizierten – einige schweben n der Luft, einige fallen auf Oberflächen und die meisten fallen zu Boden. Wenn man sich mit einem Infizierten in einer Situation von Angesicht zu Angesicht («face-to-face») befindet, zum Beispiel in einem Gespräch, und wenn diese Person direkt in Richtung des anderen niest oder hustet, dann ist die Wahrscheinlichkeit, dass dieser Infizierte die andere Person ansteckt, sehr hoch.

Aber auch, wenn der Nies- oder Hustenstoß nicht direkt in Richtung des anderen gerichtet war, werden sich einige der infektiösen Tröpfchen – die kleinsten – für einige Minuten in der Luft halten und im Raum verteilen. Wenn man diesen Raum einige Minuten nach dem Husten/Niesen betritt, kann man möglicherweise immer noch genug virushaltige Tröpfchen inhalieren, um sich zu infizieren.

Beim normalen Atmen ohne Husten und Niesen wird es dagegen viel länger dauern, bis der Face-to-Face-Kontakt zur Ansteckung führt. Selbst bei der Annahme, dass das gesamte freigesetzte Virus wieder vom Gegenüber inhaliert wird, benötigt man bei 20 Viren pro Minute 50 Minuten, um auf die Infektionsdosis von 1000 Viruspartikeln zu kommen. Allerdings erhöht bereits Sprechen die freigesetzte Virusmenge etwa um das Zehnfache – folglich genügen bei einer Konversation vermutlich etwa 5 Minuten für das Erreichen der Infektionsdosis.

Entscheidend für die Beurteilung des Ansteckungsrisikos ist daher die Ansteckungsformel (siehe Kasten). Jeder Mensch, mit dem ein Infizierter mehr als 10 Minuten in einem Gespräch von Angesicht zu Angesicht verbracht hat, ist möglicherweise infiziert. Aber auch jeder, der eine längere Zeitspanne in einem Raum – beispielsweise einem Büro – mit einem Infizierten verbracht hat, kann sich angesteckt haben. Deshalb ist es so wichtig, dass Menschen mit respiratorischen Symptomen zu Hause bleiben, denn mit ihren Nies- und Hustenstößen können sie viele Personen, die sich mit ihnen in einem Raum befinden, anstecken.

Ausbreitung über asymptomatische Virusträger

Etwa 44 Prozent aller Ansteckungen – und die Mehrheit der Ansteckungen in der Allgemeinbevölkerung – finden über Infizierte ohne Krankheitssymptome (asymptomatisch oder präsymptomatisch) statt. Bis zu 5 Tage vor Symptombeginn ist eine Virusproduktion möglich. Die Menge an freigesetzten Viren variiert dabei im Krankheitsverlauf und weist auch interindividuelle Schwankungen auf. Grundsätzlich ist zu beobachten, dass der Virusload bis zu dem Moment steigt, an dem der Infizierte Symptome entwickelt. Die meisten Viren werden daher kurz vor Symptombeginn freigesetzt.

Was sind die häufigsten «Superspreading»-Ereignisse?

Abgesehen von den schwerwiegenden Ausbrüchen in Kliniken und Pflegeheimen stellt sich die Frage, wo in der Öffentlichkeit das größte Ansteckungsrisiko besteht. Die größten Ausbrüche gab es in Gefängnissen, bei religiösen Zeremonien und auf Arbeitsplätzen wie Schlachthöfen und Callcentern, betonte Bromage: «Jede Umgebung, die abgeschlossen ist, mit mangelnder Luftzirkulation und einer hohen Menschendichte, bedeutet Ärger.»

Zum Ausbruch der Infektion in geschlossenen Räumen gibt es mehrere gut dokumentierte epidemiologische Untersuchungen:

Restaurants: Welche Folgen der Restaurant-Besuch eines Infizierten haben kann, macht eine Untersuchung aus China deutlich (1): Der asymptomatische Indexpatient (A1) saß für 1 bis 1,5 Stunden zusammen mit 9 Freunden an einem Tisch in einem Restaurant. Während des Essens setzte er über die Atmung virushaltige Aerosole frei. Durch die Ventilatoren des Restaurants fand eine Luftbewegung im Raum von rechts nach links statt. 4 der 9 Personen, die mit dem Indexpatienten am gleichen Tisch saßen, infizierten sich (A2-A5) und erkrankten in den nächsten 7 Tagen; darüber hinaus wurden aber auch 3 von 4 Personen am Nachbartisch (B1-3), in dessen Richtung der Luftzug wanderte, infiziert. Dass sich aber auch 2 von 7 Personen an dem Tisch entgegen der Luftströmung infizierten (C1-2), wird auf Turbulenzen in der Luftströmung zurückgeführt. An den beiden Tischen, die seitlich der Ventilator-bedingten Luftströmung saßen, wurde niemand infiziert.

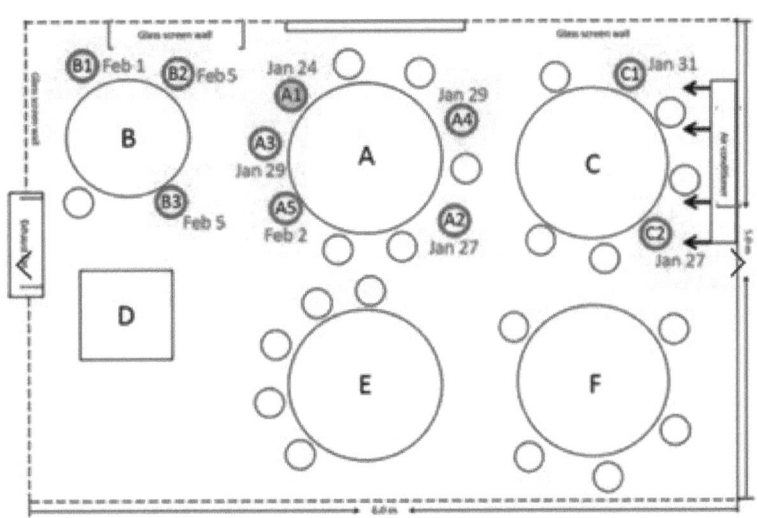

Arbeitsplätze: Ein anderes wichtiges Beispiel ist der SARS-CoV-2-Ausbruch in einem Callcenter in Südkorea (2). Die Infektionen im 11. Stock des Bürogebäudes, in dem sich das Callcenter befindet, sind wohl auf einen einzelnen Angestellten zurückzuführen. 94 der 216 Angestellten (43,5%), die im 11. Stock arbeiteten, steckten sich innerhalb einer Woche an. Die meisten Infizierten saßen auf einer Seite des Gebäudes, während es auf der gegenüber liegenden Gebäudeseite nur zu vereinzelten Infektionen kam. Von den Infizierten erkrankten 92 Personen, nur 2 blieben asymptomatisch. Auch dieses Beispiel zeigt das enorme Ansteckungsrisiko, das besteht, wenn man in einem Raum zusammensitzt und dort für eine längere Zeit die Luft mit einem Infizierten teilt. Im restlichen Bürogebäude wurden beim Screening 3 weitere Infizierte gefunden, wobei es nicht möglich war, eine eindeutige Verbindung zu dem Infektionscluster im 11. Stock herzustellen. Welcher der Infizierten der Indexfall war, blieb ebenfalls unklar. Bromage hob die niedrige Infektionsrate im restlichen Bürogebäude hervor, obwohl Kontakte in den Fahrstühlen und in der Lobby an der Tagesordnung seien. Für ihn unterstreicht das die Bedeutung der Dauer einer Exposition, die eben vor allem dann zur Ansteckung ausreicht, wenn man über Stunden zusammensitzt, aber in den meisten Fällen nicht, wenn man zusammen im Fahrstuhl fährt.

Figure 2

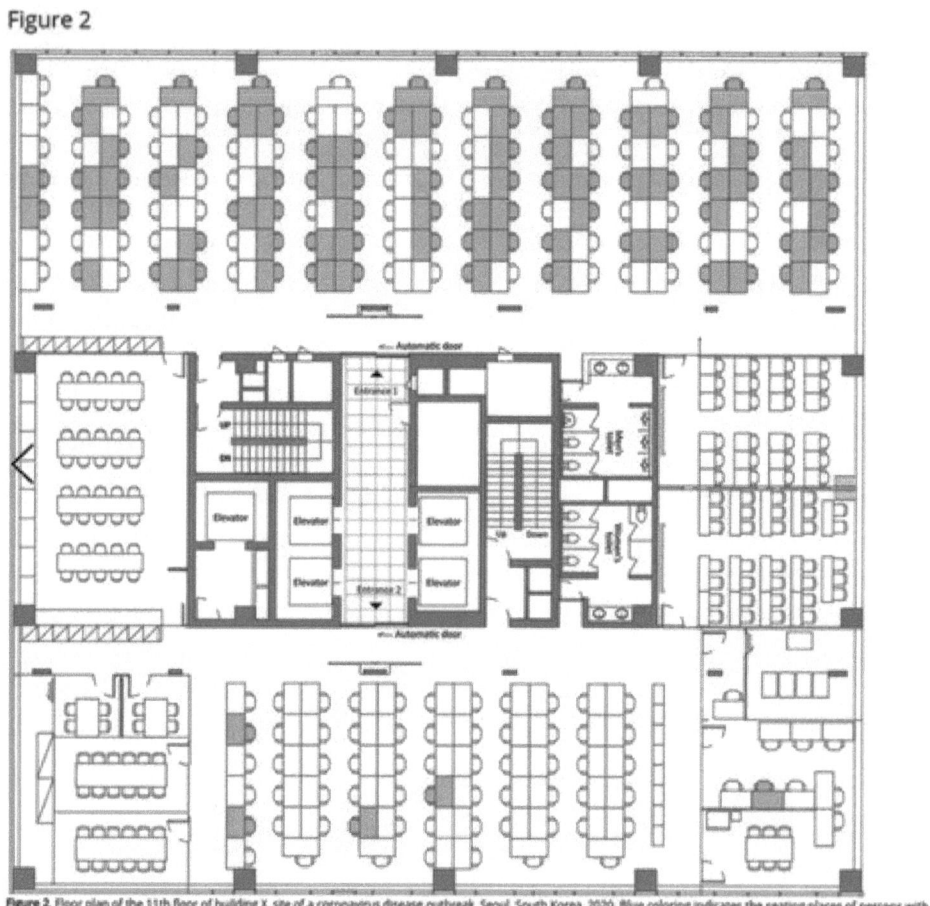

Figure 2. Floor plan of the 11th floor of building X, site of a coronavirus disease outbreak, Seoul, South Korea, 2020. Blue coloring indicates the seating places of persons with confirmed cases.

Chorsingen: Als Beispiel nennt Bromage einen Chor in Skagit Valley (Washington/USA) (3). Die Mitglieder wussten bereits um die Pandemie und hatten Vorsichtsmaßnahmen ergriffen: Händedesinfektion am Eingang; Verzicht auf Umarmungen und Händeschütteln; jeder brachte seine eigenen Noten mit, um sie nicht teilen zu müssen; während der Chorprobe wurden die Abstände zwischen den Teilnehmern vergrößert; die Chormitglieder wurden aufgefordert, bei Symptomen zu Hause zu bleiben. Dennoch kam es am 10. März zur Ansteckung durch einen asymptomatischen Virusträger, nachdem 60 Mitglieder des Chors gemeinsam 2,5 Stunden in einem geschlossenen

Probenraum, der etwa die Größe eines Volleyballfeldes hatte, gesungen hatten. Drei Wochen später war bei insgesamt 45 der 60 Anwesenden COVID-19-Infektion diagnostiziert worden, mindestens 3 Mitglieder mussten hospitalisiert werden und 2 starben. Dieser Ansteckungscluster macht deutlich, dass Singen noch viel mehr als Sprechen zur vermehrten Bildung infektiöser Aerosole führt. Die tiefe Einatmung, die beim Singen notwendig ist, begünstigt vermutlich auch, dass sich die Gesunden durch das infektiöse Aerosol leichter anstecken.

Hallensport: Das Superspreading-Ereignis aus diesem Bereich stammt aus Kanada und betrifft eine dort sehr beliebte und verbreitete Sportart – das Curling. Bei dieser Sportart kommen sich die Teammitglieder sehr nahe, und das in einer kühlen Umgebung, und aufgrund der sportlichen Anstrengung wird auch hier schwer geatmet. Eine Curling-Veranstaltung entwickelte sich zu einem Hotspot, bei dem sich insgesamt 24 der 72 Teilnehmer mit SARS-CoV-2 infizierten.

Geburtstage und Beerdigungen: Hierzu schildert Bromage einen dokumentierten Cluster aus Chicago: Bob – nur der Name ist geändert – hat sich unwissentlich mit SARS-CoV-2 infiziert. Zusammen mit 2 weiteren Familienmitgliedern traf er sich zu einem etwa dreistündigen Abendessen. Am nächsten Tag nahm Bob an einer Beerdigung teil, wo er Familienmitglieder und andere Besucher zum Zeichen der Anteilnahme umarmte. Die beiden Familienmitglieder, mit denen er zu Abend gegessen hatte, erkrankten innerhalb von 4 Tagen. Ein drittes Familienmitglied, das Bob bei der Beerdigung umarmt hatte, erkrankte ebenfalls. Bob war allerdings noch nicht fertig – er besuchte eine Geburtstagsfeier mit 9 weiteren Menschen, und auch dort wurde umarmt und gemeinsam gegessen. 7 der Teilnehmer dort erkrankten ebenfalls. Die Infektionskette setzte sich nun fort: 3 der Menschen, die Bob bei der Geburtstagsfeier angesteckt hatte, gingen in eine Kirche, in der gemeinsam gesungen und die Spendenschale herumgereicht wurde. Auch dort steckte sich eine weitere Person an. Insgesamt war die unerkannte COVID-19-Infektion bei Bob für 16 Infektionen verantwortlich, die in 3 Fällen für die Infizierten tödlich endeten (4).

Gemeinsamkeiten der Hotspot-Ereignisse

Alle diese Ereignisse, bei denen es zu einer starken Ausbreitung der Infektion mit SARS-CoV-2 kam, haben Gemeinsamkeiten: Sie fanden alle in Innenräumen statt, mit geringen Abständen zwischen den Menschen, und es wurde viel gesprochen, gesungen oder geschrien. Die Hauptansteckungsquellen sind, wie eine chinesische Studie ergeben hat, der gemeinsame Haushalt, der gemeinsame Arbeitsplatz, öffentliche Verkehrsmittel, Menschenansammlungen und Restaurants – diese Situationen sind für 90 Prozent der Übertragungsereignisse verantwortlich (5). In dieser großen Studie, in der 318 Infektionscluster mit insgesamt 1245 Infizierten untersucht wurden, konnte nur bei einem einzigen Cluster eine Ansteckung von zwei Personen im Freien dokumentiert werden. Die höchsten Ansteckungsrisiken fanden sich demnach in der Familie und in öffentlichen Verkehrsmitteln. Bromage betont, dass dies der einzige überhaupt beschriebene Outdoor-Infektionscluster aus allen Ländern ist, die eine genaue Kontakt-Nachverfolgung betreiben.

Schlussfolgerungen

Hinsichtlich des Ansteckungsrisikos sind Innenräume mit eingeschränktem Luftaustausch oder geschlossener Luftzirkulation sowie mit vielen Menschen bedenklich. In einem solchen Innenbereich werden bei längerem Aufenthalt auch die Regeln des Social Distancing nicht zuverlässig schützen. Das Ansteckungsrisiko hängt von der Virusexposition sowie von der Länge der Zeit ab, in der Menschen einem virushaltigen Aerosol ausgesetzt waren. Die Regeln des Social Distancing schützten also vor Ansteckungen über Kurzzeitkontakte, bieten aber bei längerer Anwesenheit in geschlossenen Räumen keine ausreichende Sicherheit.

Im Rahmen der Lockerungen ist es sinnvoll, wenn jeder selbst die Umgebung, in die er sich begibt, hinsichtlich des Infektionsrisikos beurteilt:
• Wie viele Menschen sind dort?

• Wie viel Luftbewegung ist vorhanden?

• Wie lange werde ich mich hier aufhalten?

Anhand dieser Fragen kann jeder das Infektionsrisiko beurteilen und seine persönlichen Entscheidungen treffen. In einer gut durchlüfteten Umgebung mit wenig Menschen ist das Risiko gering. Wenn man im Freien an einer anderen Person vorbeigeht, macht es Sinn, sich die Formel «Virusexposition x Zeit» vor Augen zu führen und beruhigt weiterzugehen. Jogger mögen zwar durch die tiefere Atmung etwas mehr Virus freisetzen, doch durch ihre Geschwindigkeit reduziert sich wiederum die Expositionszeit. Das Risiko in diesen Outdoor-Szenarien ist entsprechend gering.

Überträgt man diese Erkenntnisse auf das Risiko bei Einkäufen, so besteht für die Käufer selbst, die sich ja nur kurzfristig in den Läden mit begrenzter Personenzahl auf reichlich Abstand aufhalten, nur ein sehr geringes Risiko, eine für eine Infektion ausreichende Dosis abzubekommen. Ganz anders dagegen ist das Risiko des Personals zu bewerten, das sich den ganzen Tag in den Einkaufsräumen aufhält.

«Wenn wir uns jetzt wieder freier in der Öffentlichkeit bewegen und an mehr Orten mit mehr Menschen in Kontakt treten können, dann steigen die Risiken für uns und unsere Familien erheblich», so der Schlussappell von Bromage: «Gerade im Übereifer der Wiedereröffnungen und der Rückkehr zum Business wie gehabt, sollten Sie ihren Teil beitragen und Masken tragen, um das, was sie in die Umgebung freisetzen, zu reduzieren. Es wird allen helfen, auch Ihnen selbst.»

Adela Žatecky

Referenzen:

1   Lu J et al.: COVID-19 Outbreak Associated with Air Conditioning in Restaurant, Guangzhou, China, 2020. Emerg Infect Dis 2020; doi: 10.3201/eid2607.200764.

2   Park SY et al.: Coronavirus disease outbreak in call center, South Korea. Emerg Infect Dis 2020; doi: 10.3201/eid2608.201274.

3   Read R: A choir decided to go ahead with rehearsal. Now dozens of members have COVID-19 and two are dead. https://www.latimes.com/world-nation/story/2020-03-29/coronavirus-choir-outbreak

4   Ghinai I et al.: Community Transmission of SARS-CoV-2 at Two Family Gatherings — Chicago, Illinois, February–March 2020. MMWR Morb Mortal Wkly Rep 2020; 69: 446–450.

5   Qian H et al.: Indoor transmission of SARS-CoV-2. medRXiv Preprint Server; doi: 10.1101/2020.04.04.20053058.

Quelle: Erin Bromage: The Risks – Know Them – Avoid Them. www.erinbromage.com

Kontakt

Rosenfluh Publikationen AG
Schaffhauserstrasse 13
CH-8212 Neuhausen am Rheinfall

E-Mail: info@rosenfluh.ch
Telefon: +41 52 675 50 60
Fax: +41 52 675 50 61

Anm.A.T.: Die Suche „Infektiöse Aerosole beim Sprechen" führte 4.21 sofort zu obigem Artikel, war aber 5.20 ergebnislos.

Update zu dem Artikel vom 16.06.20 „Ansteckungsrisiko durch Aerosole" bei rosenfluh.ch, in dem man sich auf eine Arbeit von Prof. Erin Bromage (Mikrobiologe und Immunologe an der Universität in Dartmouth Massachusetts/USA) bezieht. Der postuliert eine Mindestanzahl von 1000 Coronaviren für eine Ansteckung. Er verweist auf frühere Untersuchungen mit Influenzaviren, wo man beim Atmen 20 Viruspartikel pro Minute freisetzt. Bei „face to face"-Kontakt (Anm. A.T. eigentlich nur bei Reanimation mit Mund-zu-Mund-Beatmung, da auch beim Gegenübersitzen der größte Teil der Ausatemluft nicht von der anderen Person eingeatmet wird) bräuchte man rechnerisch also 50 Minuten bis zur Ansteckung. Beim Sprechen verkürze sich wegen der höheren Aerosolausscheidung die Zeit auf 5 Minuten. Wie lange es dauert, bis sich jemand in einem Raum ansteckt, wo jemand geniest oder gehustet hat, kann natürlich auch Prof. Bromage nicht sagen. Er verweist aber auf die Chorprobe im März 20, wo Menschen mit Symptomen zu Hause bleiben sollten.
Chorsingen: Als Beispiel nennt Bromage einen Chor in Skagit Valley (Washington/USA). Die Mitglieder wussten bereits um die Pandemie und hatten Vorsichtsmaßnahmen ergriffen: Händedesinfektion am Eingang; Verzicht auf Umarmungen und Händeschütteln; jeder brachte seine eigenen Noten mit, um sie nicht teilen zu müssen; während der Chorprobe wurden die Abstände zwischen den Teilnehmern vergrößert; die Chormitglieder wurden aufgefordert, bei Symptomen zu Hause zu bleiben. Dennoch kam es am 10. März zur Ansteckung durch einen asymptomatischen Virusträger (Anm. A.T. Man kann annehmen, dass fast die Hälfte der Ansteckungen durch asymptomatische Träger oder vor Ausbruch von Symptomen auftritt, wo die Virusausscheidung am höchsten ist), nachdem 60 Mitglieder des Chors gemeinsam 2,5 Stunden in einem geschlossenen Probenraum, der etwa die Größe eines Volleyballfeldes hatte, gesungen hatten. Drei Wochen später war bei insgesamt 45 der 60 Anwesenden COVID-19-Infektion diagnostiziert worden, mindestens 3 Mitglieder mussten hospitalisiert werden und 2 starben. Dieser Ansteckungscluster macht deutlich, dass Singen noch viel mehr als Sprechen zur vermehrten Bildung infektiöser Aerosole führt. Die tiefe Einatmung, die beim Singen notwendig ist, begünstigt vermutlich auch, dass sich die Gesunden durch das infektiöse Aerosol leichter anstecken. Weiterhin weist Prof. Bromage darauf hin, dass beim Husten/Niesen bis zu 30000 Aerosolpartikel mit bis zu 200 Millionen Viren freigesetzt werden. Wir stellen also fest: Beim Atmen 20 Viruspartikel pro Minute und bei einmal Niesen 200 Millionen Viren. Auch wenn manche dieser Zahlen spekulativ erscheinen, geben sie doch eine grobe Orientierung.

Auf dem Weg aus dem Lockdown galt lange Zeit die AHA-Regel (Abstand, Handhygiene, Alltagsmaske) als der Garant für ein weiterhin niedriges Ansteckungsrisiko. Während an der Sinnhaftigkeit zumindest in Fachkreisen kaum gezweifelt wird, so stellt sich immer mehr die Frage, ob diese drei Maßnahmen wirklich ausreichen. Denn **die Bedeutung von infektiösen Aerosolen, die allein mit AHA-Massnahmen nicht abgewehrt werden können, wird immer deutlicher**. Wissenschaftler aus aller Welt fordern daher weitere Maßnahmen. (Update vom 21. Oktober 2020) https://www.rosenfluh.ch/virushaltige-aerosole-ruecken-immer-mehr-in-den-fokus 3/11 (Fettdruck A.T., der das schon lange vorher gesagt hat)

Im August 2020 gab es bei Rosenfluh.ch einen interessanten Artikel über die Ansteckungsgefahr durch infektiöse Aerosole. Insgesamt 239 Wissenschaftler aus 32 Ländern wandten sich in einem Positionspapier an die WHO. Sie forderten die WHO auf, ihre Einschätzung zur Übertragung von SARS-CoV2 zu überdenken. Unter den Unterzeichnern waren nicht nur Mediziner und Virologen, sondern auch Epidemiologen und Vertreter technisch physikalischer Disziplinen wie Strömungsdynamik und Aerosolphysik.

In ihrem Schreiben mahnten sie, dass die bisherigen Schutzmaßnahmen, vor allem in geschlossenen Räumen, nicht ausreichend vor einer Ansteckung schützen. **"Händewaschen und Social Distancing sind sinnvolle, aber aus unserer Sicht nicht ausreichende Maßnahmen, um einen Schutz vor virushaltigen respiratorischen Mikro-Tröpfchen, die von infizierten Menschen in die Luft freigesetzt werden, zu erreichen.»**, so die Unterzeichner. Vor allem das Aerosol-Risiko in geschlossenen, überfüllten und schlecht belüfteten Räumen sollte stärkere Beachtung finden. (Fettdruck A.T.)

www.raumluft-messen.ch

Anm. A.T. Medizinische Masken wie üblich Fehlanzeige. Nur Alltagsmasken, Lüften und Filter werden empfohlen.

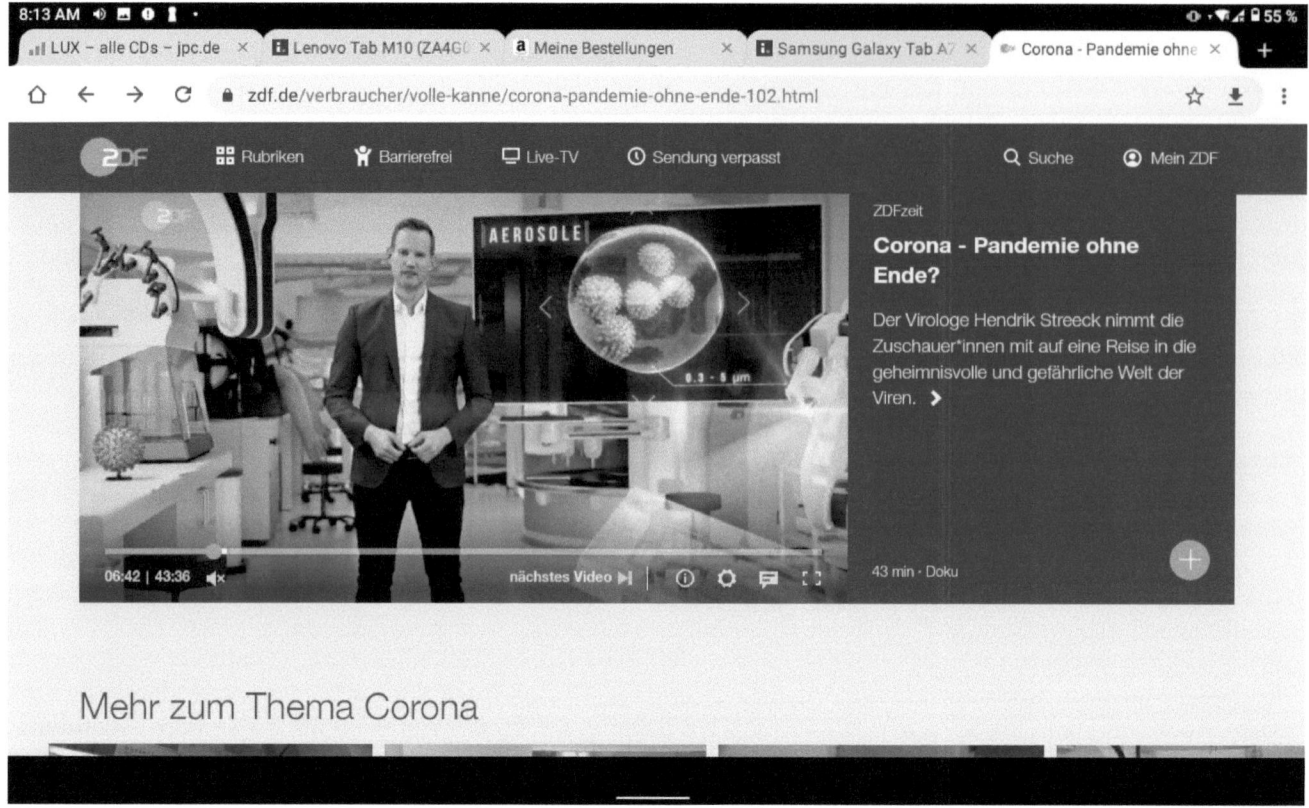

ZDF-Dokumentation über Corona mit Prof. Streeck

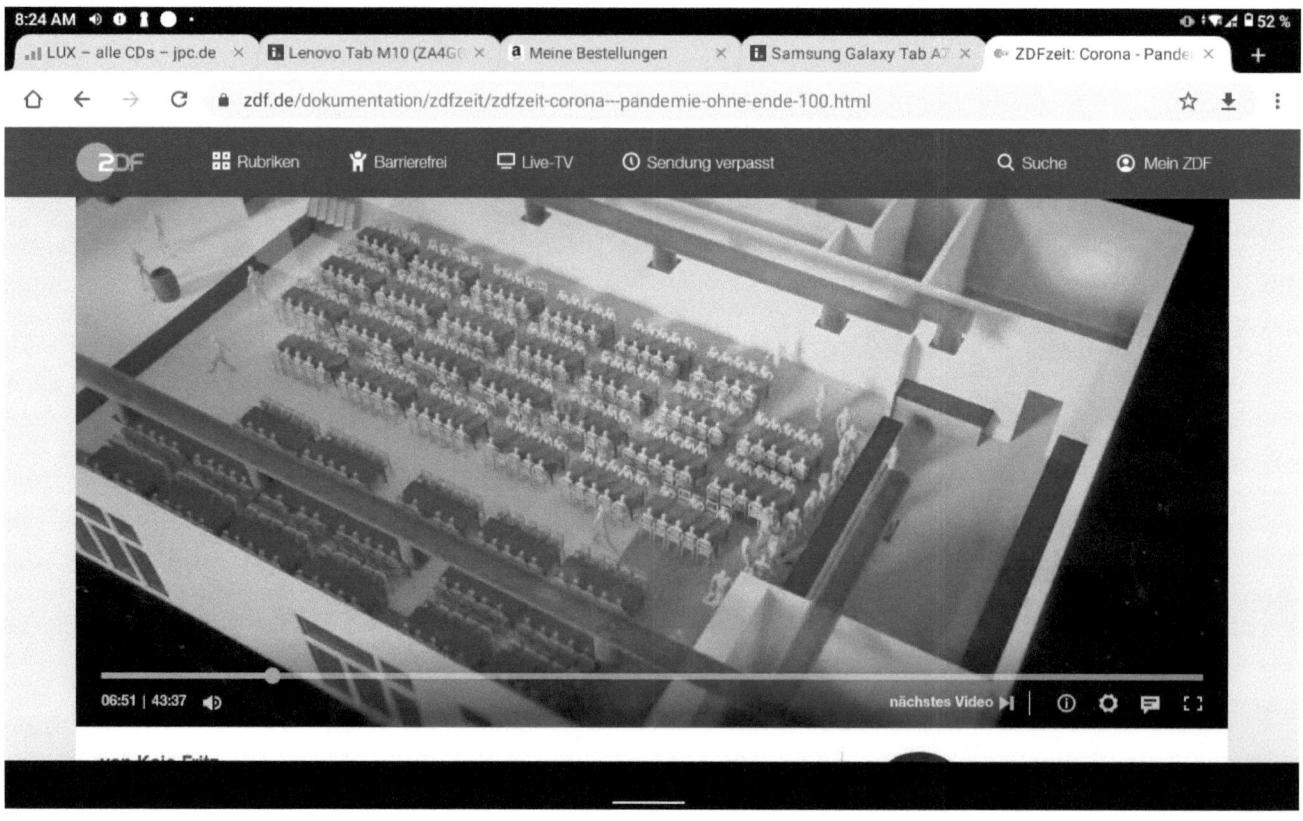

Modell der Halle. Ca. 450 Besucher. Tische mit 10 Personen.

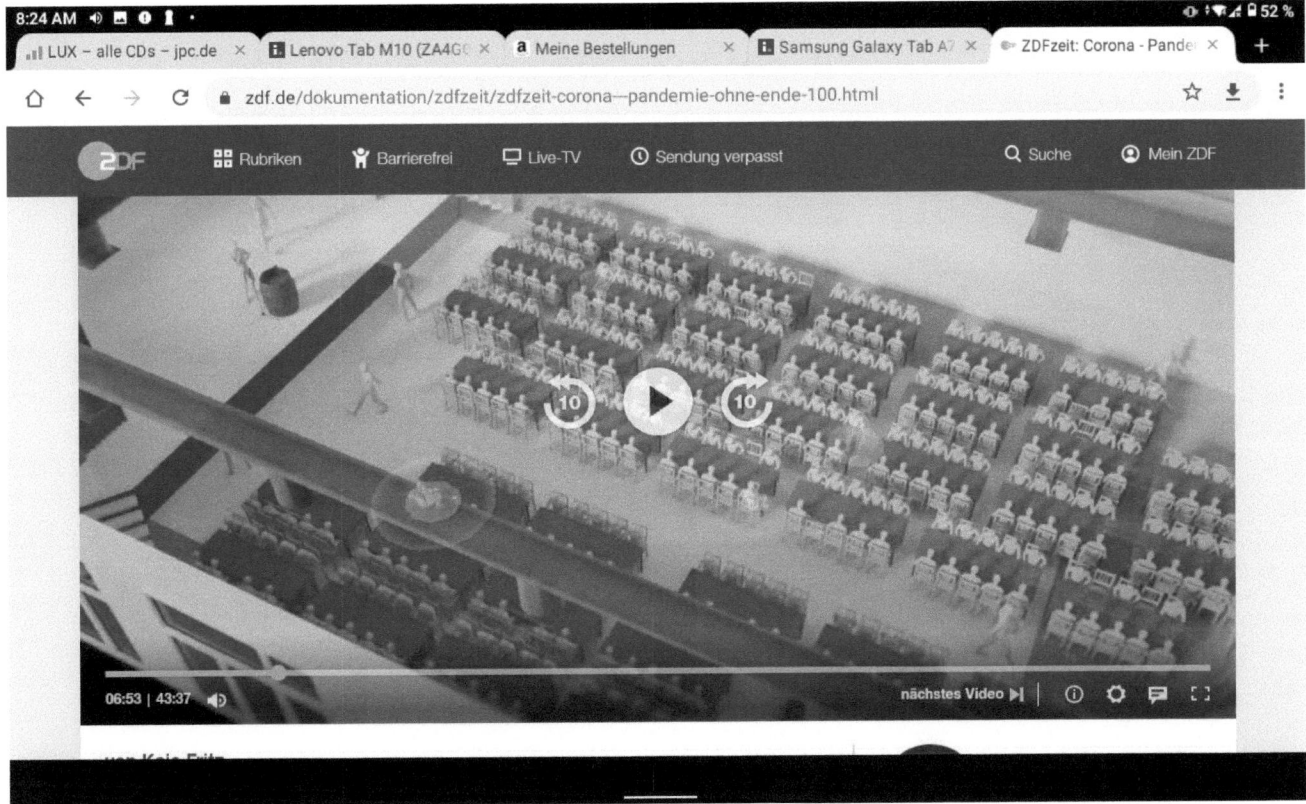

Einzelne Erkrankte in der Halle.

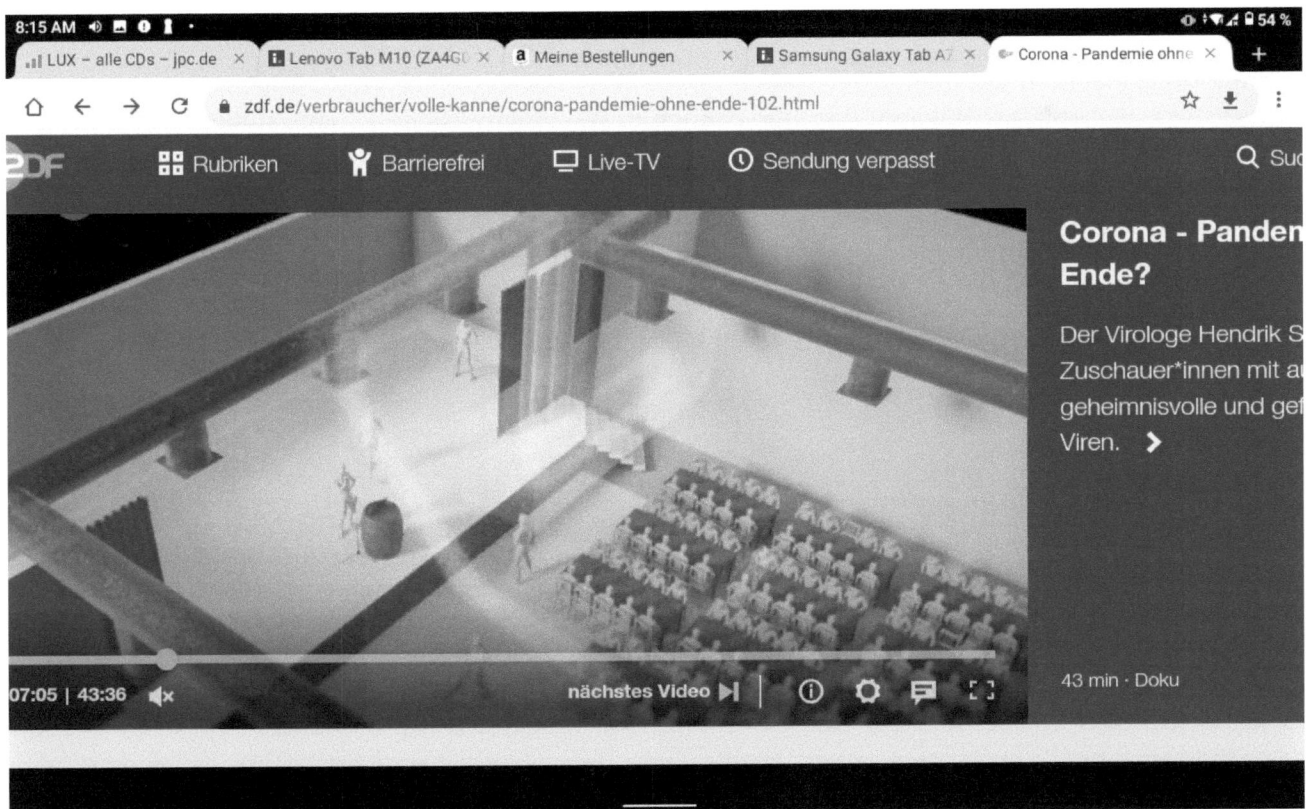

Klimaanlage saugt Aerosole an.

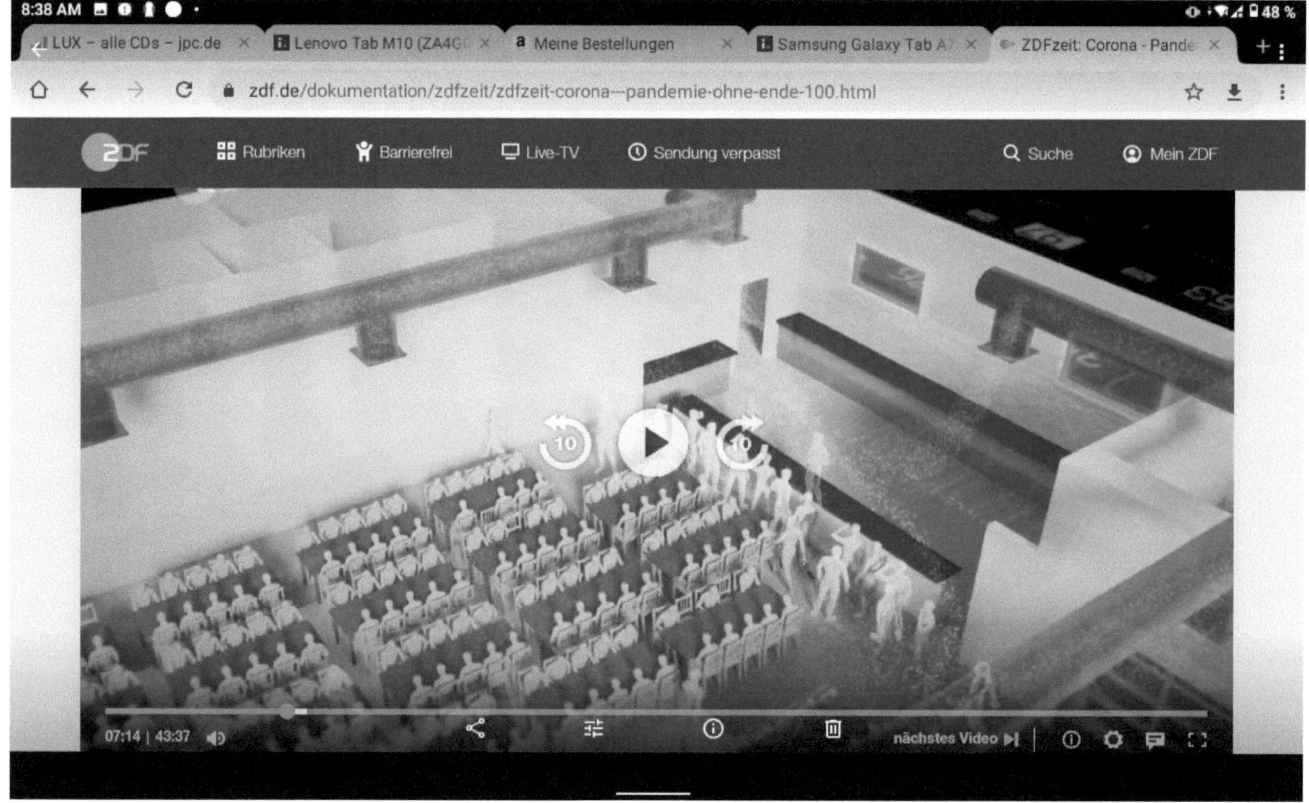

8:38 AM ⊡ ⑨ ⑧ ● · ⊕ ⋅ ▼⊿ 🔋 48 %

LUX – alle CDs – jpc.de ✕ │ Lenovo Tab M10 (ZA4G ✕ │ a Meine Bestellungen ✕ │ Samsung Galaxy Tab A ✕ │ ZDFzeit: Corona - Pande ✕ │ + ⋮

⌂ ← → C 🔒 zdf.de/dokumentation/zdfzeit/zdfzeit-corona--pandemie-ohne-ende-100.html ☆ ⬇ ⋮

ZDF ⊞ Rubriken ⚕ Barrierefrei 🖵 Live-TV 🕐 Sendung verpasst Q Suche ⊕ Mein ZDF

Klimaanlage bläst Aerosole zurück in die Halle. Filter nicht für Aerosole ausgelegt.

Einige Tage nach Ausstrahlung der Sendung war Prof. Streeck bei Herrn Lanz zu Gast. Dessen Frage, was sein Rat zur Bekämpfung der Pandemie sei, beantwortete er mit Allgemeinplätzen. Ich hatte auf eine Stellungnahme gehofft, dass Abstand nicht schützt. Fehlanzeige.

Hohe Intelligenz bedeutet also nicht automatisch, dass die Sicht unvoreingenommen ist. Im Zen nennt man das „Anfängergeist". Gemeint ist, dass man sich die Offenheit bewahrt. Jemand Bekanntes formulierte es so: „Wenn ihr nicht werdet wie die Kinder". Das soll natürlich nicht bedeuten, dass man all sein Wissen vergessen soll. Es bedeutet, dass man die Welt nicht durch eine wie auch immer gefärbte Brille sehen soll, also Beobachtungen nicht sofort kategorisiert.

Sehr geehrter Prof. Streeck   16.03.21

Ihre gestrige Sendung war eine gelungene Mischung aus Fakten, Analysen und Berichten von Betroffenen. Für mich war besonders wichtig, dass zu bester Sendezeit eine Animation mit der Virusausbreitung durch Aerosole im Saal gezeigt wurde. So können ein oder einzelne Erkrankte viele anstecken, was nach AHA eigentlich nicht möglich ist. Für mich als Allgemeinarzt in Rente ist das ein alter Hut (siehe Anhang Masernausbreitung). Erschreckend ist, wie solches ärztliches Basiswissen verloren gehen konnte. In alten Ratgeber des RKI über Masern und WINDpocken (wieso haben die wohl diesen Namen?) liest man "Aerosole", "ohne direkten Kontakt", "über mehrere Meter" und "bis zu 2 Stunden ansteckend". Die Ansteckungen bei Chorproben u.ä. (siehe Anhang Übersicht) schon zu Beginn der Pandemie sind anders nicht erklärbar.Es hat ein Jahr gedauert von Prof. Drosten 1.20 ("Masken sind nutzlos"; siehe Anhang) bis zum Statement eines internationalen Gremiums aus Wissenschaftlern ("...ein wesentlicher Bestandteil der Pandemiebekämpfung...").

Dank Ihrer Sendung wird es hoffentlich nicht ein weiteres Jahr dauern, bis allen klar wird, dass Abstand nicht ausreichend schützt.

Mein Credo seit Beginn der Pandemie: Masken (natürlich medizinische) überall, wo Menschen zusammen kommen, auch draußen, bis 90% geimpft sind. Meine Ansichten möchte ich hier nicht weiter ausführen. Bei Interesse lesen Sie bitte die Anlagen. Mein eigentliches Anliegen an Sie habe ich andernorts mehrmals angesprochen. Ich zitiere mich aus meinen Schreiben an HDE und DEHOGA von 4.20 sowie an Prof. Kekule von 1.21.

Als Folge der falschen Aussagen von Experten wurden und werden Milliarden Euro in den Sand gesetzt sowie Menschenleben gefährdet.

*Aufgrund folgender falscher Aussagen wurde alles heruntergefahren: a) Ansteckenden Tröpfchen fliegen nur 1,5 m weit und fallen dann zu Boden. b) Schutzmasken schützen nicht vor Ansteckung.....**Mit den oben empfohlenen Schutzmaßnamen könnten Läden jeder Größe und Hotels wieder öffnen.** Tröpfchen werden auch beim Sprechen freigesetzt. Wenn man in Restaurants Masken trägt und die nur zum Essen (dann aber bitte nicht sprechen; erhöht sogar den Genuss) abnimmt, könnte man sogar Restaurants öffnen. Sicherheitshalber könnten Virologen das durch Untersuchungen verifizieren. Mat kann beim Atmen, Sprechen und natürlich v.a. beim Husten (300km/h) und Niesen Aerosole nachweisen. Interessant wäre die Frage, ob auch schon beim Atmen infektiöse Aerosole freigesetzt werden. Gedankenmodell: Metallwanne mit Vibratoren unter dem Boden, gefüllt mit Wasser und kleinen Holzstücken auf dem Wasser. Ein Ventilator erzeugt eine tangentiale Luftströmung über die Wasseroberfläche. Wenn diese Strömung langsam ist, dürften keine Holzstücke mitgerissen werden. Wenn die Luftströmung Orkanstärke erreicht, dürften Holzstückchen mitgerissen werden (Husten). Wenn der Luftstrom nur leicht erhöht ist und die Vibratoren angestellt werden (Sprechen, Singen), dürften ebenfalls Holzstückchen mitgerissen werden. Was sich vielleicht putzig anhört, könnte je nach Ausgang der Untersuchung in der realen Welt Pleiten und den Ruin von Existenzen verhindern. Für eine Auswertung reicht der Nachweis von Aerosolen nicht. Man müsste in ihnen schon Virus-RNA nachweisen.*

Durch Corona gab es schon ca. 16000 Insolvenzen. Bei einem dritten Lock Down dürften die Pleiten rasend ansteigen. Und es ist klar, dass mit Hygieneplänen basierend auf Abstand in Restaurants, Schulen, Betrieben, Fitnessstudios u.a. sowie Maskenpflicht nur dann, wenn kein Abstand eingehalten werden kann, die dritte Welle kommt. Wie soll ein Damm vor Hochwasser schützen, wenn er an mehreren Stellen nicht die erforderliche Höhe hat?

Mit freundlichen Grüßen

Albert Tigges

Es ist der Hinweis, nach dem Forscher lange suchten: Erstmals wird nachgewiesen, dass infektiöse Sars-CoV-2-Viren sich über mehrere Meter in der Luft fortbewegen. Noch offen ist aber, ob diese auch tatsächlich Menschen krank machen können. Dennoch sprechen Forscher von einem Durchbruch.

Mein Kommentar: Kalter Kaffee." Nur die Methodik ist neu. Das Wissen ist alt; es wurde vergesse[n]

Eine der bisher ungeklärten Fragen der Coronavirus-Pandemie ist jener der Übertragung: Kann Sars-CoV-2 auch über mehrere Meter von einem Menschen auf den anderen überspringen? Hinweise dafür gibt es einige, etwa Massenansteckungen in großen und schlecht belüfteten Räumen. Hauptverdächtige dabei sind Aerosole - Tröpfchen kleiner als fünf Mikrometer, also nur etwa ein Zehntel des Durchmessers eines menschlichen Haares. Anders als in größeren Tröpfchen, die aus Mund oder Nase nach kurzer Distanz zu Boden fallen, soll das Coronavirus Sars-CoV-2 in diesen Aerosolen förmlich durch die Luft schweben können.

Die Weltgesundheitsorganisation (WHO) hatte Anfang Juli bereits die mögliche Übertragung von Sars-CoV-2 durch Aerosole anerkannt. Aber auch wenn viele die Aerosole für schuldig halten - bisher fehlte der Beweis. "Ob Sars-CoV-2 durch die Luft übertragen werden kann oder nicht, war bisher umstritten", sagte John Lednicky, Mikrobiologe von der University of Florida dem US-Fernsehsender CBS. Eine neue Studie, die Lednicky zusammen mit

Kollegen durchgeführt hatte, könnten nun jedoch Licht ins Dunkel bringen.

Denn den US-Forschern ist es gelungen, Aerosole mit lebensfähigen Viren aus der Luft zu filtern, die zuvor bereits eine Strecke von mehreren Metern zurückgelegt haben müssen. Andere Forscher sprechen angesichts de Entdeckung sinnbildlich bereits von einer "Smoking Gun", also der noch rauchenden Schusswaffe des Täters, die ihn der Tat überführt.

Viren können Zellen infizieren

Die Forscher um Lednicky hatten auf einer Covid-19-Krankenstation zwei Luftprobensammler in der Nähe der Patienten installiert. Einen davon in etwa zwei Metern, den anderen in fast fünf Metern Entfernung. In beiden konnten die Erreger einfangen werden - im Labor zeigte sich später, dass diese Viren auch in der Lage waren, Zellen zu infizieren.

Bei der Studie handelt es sich um ein Preprint, das noch nicht die übliche Prüfung durch Fachkollegen durchlaufen hat. Dennoch sind die Reaktionen anderer Wissenschaftler bereits euphorisch: "Wenn das keine 'Smoking Gun' ist, dann weiß ich nicht, was es ist", twitterte etwa Linsey Marr, eine US-Expertin, die zwar nicht an der Studie beteiligt war, sich aber mit der Übertragbarkeit speziell auch von Sars-CoV-2 durch die Luft beschäftigt. Denn nicht nur wurden lebensfähige

Viren aus der Luft gefischt - bei einem Gen-Abgleich konnten diese auch einem jener Patienten zugeordnet werden, der sich im Raum aufhielten.

In Singapur wurden 3/20 in der Umgebungsluft Coronakranker virushaltige Aerosole mittels RNA-Nachweis gefunden.

Aber wieso haben andere Forscher nicht schon viel früher einen derartigen Nachweis erbracht? Versuche gab es bereits. Aber: "Es ist sehr schwierig, Proben von lebensfähigem biologischem Material aus der Luft zu gewinnen", sagte Umwelttechnikerin Shelly Miller von der University of Colorado Boulder der "New York Times". Man bräuchte schon eine clevere Methode, um die Proben auf ähnliche Weise zu entnehmen, wie es auch beim Einatmen durch den Menschen geschehe.

Die Forscher aus Florida haben dazu ein Gerät entwickelt, welches durch reinen Wasserdampf die Aerosole derart vergrößert, dass diese auf einfache Weise aus der Luft gesammelt werden können. Einmal erfasst, wurden die Erreger schnell in eine spezielle, mit Salzen, Zucker und Proteinen angereicherte Flüssigkeit geleitet, in der sie konserviert wurden.

"Innerhalb von Minuten im ganzen Raum"

Sollte Sars-CoV-2 tatsächlich mehrere Meter durch die Luft übertragbar sein, würde dies die Bedeutung von Abstandhalten infrage stellen oder zumindest die gebotene Distanz von mindestens 1,5 Metern - allerdings nur in Innenräumen. Denn Aerosole sind so leicht, dass es als wahrscheinlich gilt, dass sie im Freien rasch so stark verteilt werden, dass von ihnen keine Gefahr mehr ausgeht. In einem Büroraum jedoch könnten sich Aerosole innerhalb von Minuten im ganzen Raum verteilen, erklärt Martin Kriegel, Experte für Energie- und Lüftungstechnik an der TU Berlin in der "Wirtschaftswoche". ⊗ *Ärztliches Erfahrungswissen z.B. bei WINDpocken spricht dagegen. Inzwischen haben auch Virologen Zweifel an der Richtigkeit.*

Allerdings ist die Studie aus Florida noch kein endgültiger Beweis dafür, dass Aerosole über größere Distanz tatsächlich ansteckend sind. So war etwa die Menge der gesammelten Viren sehr gering - nur 74 Viruspartikel pro Liter konnten die Forscher einfangen. "Ich bin mir nicht sicher, ob diese Werte ausreichen, um bei jemand eine Infektion auszulösen", kommentierte Virologin Angela Rasmussen von der Columbia University in New York gegenüber der "New York Times" das Ergebnis. Die Studie belege allerdings, dass lebensfähige Viren in der Luft sind, was "keine kleine Sache" sei.

Der leitende Virologe der Untersuchung, John Lednicky, führt im selben Bericht die geringe Virenzahl in den Proben auf die intensive künstliche Belüftung des Raumes zurück, durch die die Luft sechsmal pro Stunde ausgewechselt und gefiltert wurde. In weniger stark belüfteten Räumen wie etwa in Schulen, so Lednicky, könnten sich womöglich viel mehr Viren in der Luft anreichern. *Da reicht auch Lüften nicht. In Flugzeugen wird die Luft alle paar Minuten mit Hepafiltern gereinigt. Trotzdem hat ein Passagier mit Tuberkulose mehrere Menschen angesteckt. In einem Restaurant in China hat ein Erkrankter etliche angesteckt, weil seine Aeroso[le] über die Klimaanlage (Luftumwälzung) verteilt (≙ verdünnt) wurden. Also erfolgt eine Ansteckung auch bei niedriger Konzentration! ⊗ Corona*

(rechter Rand, vertikal:) Hygienepläne und Corona-App basieren auf der Abstandsregel → Dh ...

Quelle: ntv.de

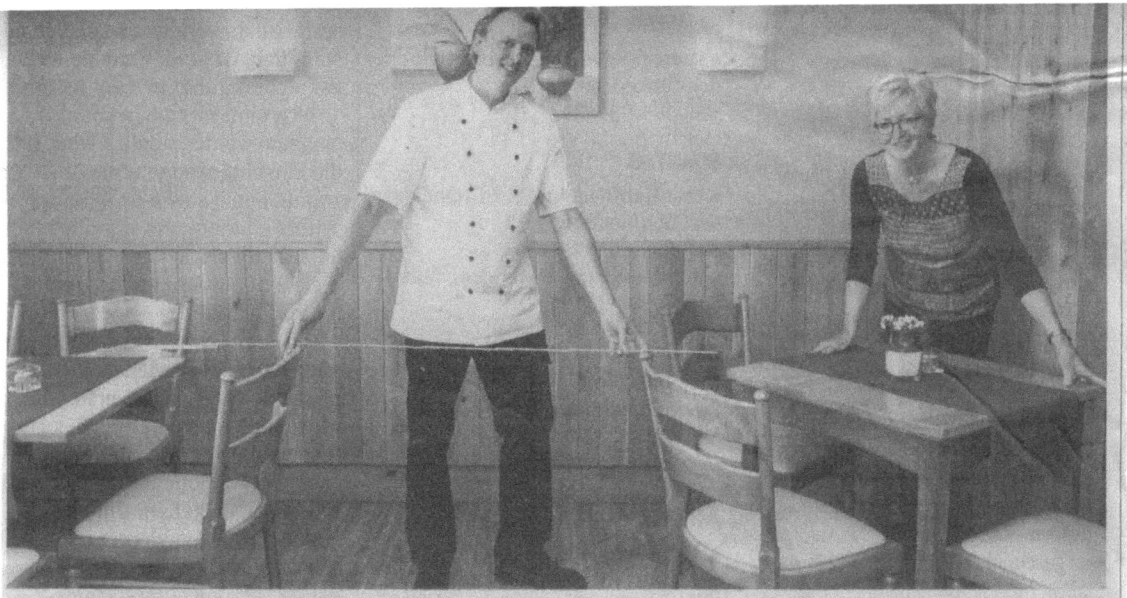

Stefan und Waltraud Schuster („Zum Grünen Haus") haben Abstände ausgemessen und warten auf Info zu weiteren Bestimmungen. WP 9.5.20 Personal Masken, Gäste ohne FOTO: F. ALBRECHT

uf
a

rein
n

'-Treffen
men der
chaft in
len sind
n Märki-
lpe und
rie- und
nalpoli-
lerungs-
rat Karl
r dieser
l, „wenn
licht".
Konkur-
ren Gre-
estfalen-
will sie
möchte
auf wel-

Schalk
gegen
Profis nac
massiv at

Gelsenkirchen.
Schalke 04 si
Bundesliga-Ab
kehr nach Ge
zei mit „mas
konfrontiert
Spieler wegge
zeisprecher ge
kannt, dass Sp
seien. Eine Hu
zei sei eingesch
zwei Profis g
Dies wurde a
stätigt. Zuvor
Dienstagaben
Arminia Biele
fen worden. In
Video, das ein
Schalker Aren
In der Bundes
Bremen - Mai
Dortmund - U
Hoffenheim- I
Stuttgart - Wo

WP 22.4.21

Rund 100 Schülerinnen und Schüler essen gemeinsam in der Mensa einer Schule in Mülheim an der Ruhr. F: FUNKE Fs

Vor einem Club in Kopenhagen warten junge Menschen auf Einlass. Am Dienstag fallen auch für dieses Lokal alle Auflagen. **Ol. Steinar Gestsson** EPA-EFE

Ein Gedankenexperiment. Die virushaltigen Tröpfchen können wir nicht sehen, fühlen, riechen oder schmecken. Bei verdorbenen Nahrungsmitteln warnt uns unsere Nase. Geruchsmoleküle schweben ebenso wie Aerosole in der Luft und werden mit dem Luftstrom über weite Strecken verteilt. Wunden von abgestorbenem Gewebe bei Durchblutungsstörungen und Wunden bei Krebs können so penetrant stinken, dass sie Brechreiz auslösen. Wir stellen uns eine Krankenstation mit solchen Patienten vor. Das medizinische Personal bekommt als Schutzausrüstung Kittel, Handschuhe und Gasmasken. Das Personal betritt jedes Zimmer zig-mal am Tag. Glauben Sie wirklich, dass auf dem Flur, im Arztzimmer, im Schwesternzimmer oder Pausenraum die Luft geruchsfrei bleibt? Im Vertrauen auf Professoren und weil uns die Wahrnehmung für Aerosole fehlt, tragen die Menschen nicht auf der ganzen Station und immer Masken. Das zeigen TV-Aufnahmen.

Es geht bei der Frage, ob die Infektion nur über 1,5 m oder über räumliche und zeitliche Distanz erfolgt, nicht um eine akademische Diskussion im Elfenbeinturm, sondern um den Vorwurf, dass **aufgrund der 1,5 m Empfehlung Menschen erkrankt und gestorben sind!!**

Einem ehemaligen Hausarzt wird man natürlich weniger vertrauen als Professoren.

Anlagen: RKI Pocken, RKI Masern, RKI Varizellen (Windpocken), Wikipedia mit Ausführungen zu Tröpfchen (über 5 Mikrometer, können nach MTI 8 m weit fliegen) und Tröpfchenkernen (unter 5 Mikrometer, können nach Jassoy & Schwarzkopf, Doremalen & Morris & Holbrook, Sartapia & Rivera bis zu 50 m fliegen und bleiben bis zu 3 Stunden ansteckungsfähig in der Luft).

X

..Dr. Drosten: Masken bringen nichts - Klartext des Beraters der Regierung -

tropolnews.info

4.2020 · Das Tragen der Mundschutzmasken ist im Kampf gegen das Virus völlig sinnlos.

tlich sagte er am 30.01.2020 ... damit (die Maske) hält man das nicht auf. Wir können

mal separat drüber reden – ...

Dieser Artikel befasst sich mit dem nach EN 14683 genormten Medizinprodukt. Zu anderen Mundschutzmasken siehe Schutzmaske.

Der **Mund-Nase-Schutz**[1] (**MNS**, kurz auch: **Mundschutz**, weitere Bezeichnungen: **Mund-Nasen-Maske, Chirurgische Maske, Medizinische Gesichtsmaske, Klinikmaske, OP-Gesichtsmaske** oder **Hygienemaske**) ist ein Medizinprodukt mit dem Zweck, die Übertragung von Krankheitserregern durch Sekrettröpfchen zu reduzieren. Ein zertifizierter Mund-Nasen-Schutz weist eine hohe Filtrationswirkung auf, sodass bei korrektem Sitz sowohl der Träger der Maske geschützt wird (Eigenschutz), insbesondere aber auch die Emission von Krankheitserregern erheblich reduziert wird (Fremdschutz). Details dazu finden sich im Abschnitt Wirksamkeit.

Gebotszeichen M016: Maske benutzen

Es handelt sich dabei um eine medizinische Gesichts-Halbmaske, die mit Binde- oder Gummibändern am Hinterkopf oder hinter den Ohren fixiert wird. Sie besteht dabei in der Regel aus drei Lagen Vliesstoff, von denen die mittlere aufgrund ihrer besonders feinen Fasern, die meist mittels Meltblown-Verfahren hergestellt werden, die Viren und Bakterien bzw. die tragenden Tröpfchen aufnimmt. Bei den seltener anzutreffenden zweilagigen Mund-Nase-Masken befindet sich die Meltblown-Lage außen. Mit einem integrierten flexiblen Metallbügel in der Mitte des oberen Randes wird die Halbmaske an den Nasenrücken gedrückt, um das Gesichtsfeld frei zu halten und den Atemluftein- und austritt nach oben einzuschränken.

Ein medizinischer Mund-Nasen-Schutz muss unterschiedliche Anforderungen an die bakterielle Filterleistung, den Differenzdruck und die Keimbelastung im ungenutzten Zustand erfüllen. Sofern die Atemluft durch den Mund-Nasen-Schutz eingeatmet wird, erreicht der Mund-Nasen-Schutz eine hohe Filtrationswirkung gegenüber virentragenden Aerosolpartikeln und Tröpfchen. 0,1 μm große Partikel werden zu mindestens 95 bzw. 98 Prozent (MNS Typ I oder Typ II) abgeschieden, bei größeren und kleineren Partikeln ist die Abscheiderate noch besser. Strömt beim Atmen Luft am Mund-Nasen-Schutz vorbei, insbesondere infolge eines nicht korrekten Sitzes oder einer falschen Trageweise der Maske, wird die Wirkung des Mund-Nasen-Schutzes deutlich herabgesetzt. Auch bei korrekter Trageweise strömt ein kleiner Anteil der Atemluft an der Maske vorbei.

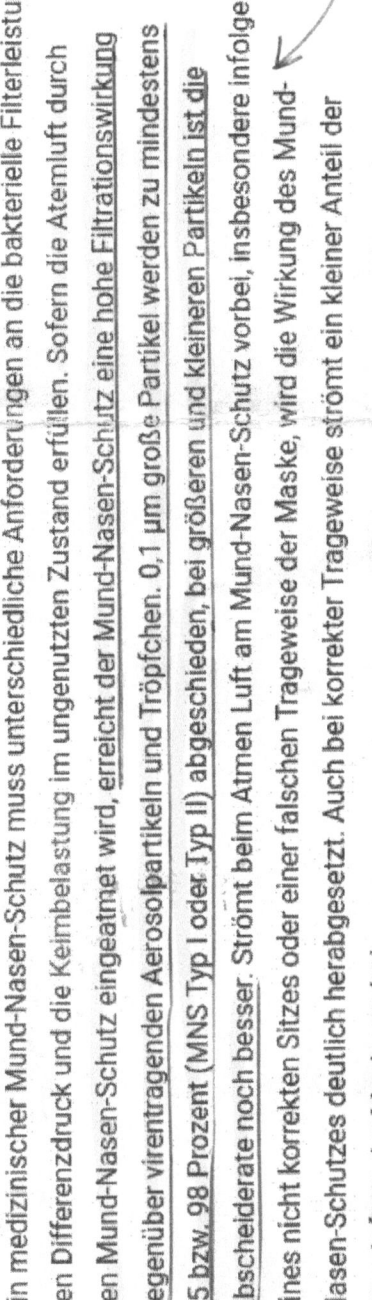

Mund-Nasen-Schutz mit Bindebändern

n vor werden."

keine
ziert",
. Eini-
„Gute
ieriger

ellt

ch die
erbes-
e auch
chutz-
gestellt
ürden
en, die
eil sie
weißen
haben
Seiten

Selbstgenähte Masken bieten eine deutlich geringere Schutzwirkung

Die allermeisten Atemschutzmasken, die den Labortest nicht bestehen, haben eine zu niedrige Filterleistung. So sollten FFP2- und FFP3-Masken mindestens 94 Prozent der Aerosole abscheiden – auch im befeuchteten Zustand. „Im Schnitt liegt der Wert bei 97 bis 98 Prozent", sagt Dirk Renschen. Zum Vergleich: Selbstgenähte Masken aus Stoff scheiden laut dem Laborleiter teilweise nur zehn Prozent der Aerosole ab. „Die Community-Masken sehen zwar schick aus und sind angenehm zu tragen. Sie bieten aber eine deutlich geringere Schutzwirkung."

Gerade deshalb sollten eigentlich

Einf

Auf
gen
zum
Dro
Sie s
sche
teilw
schu
trag
lich

N
Ken
gen
wur
und
Sch
ne,
reic
ser,
Ma

Auswahl an Studien zur Wirksamkeit von Masken

In CID (Clinical infectious diseases) 2012 wurde eine Untersuchung mit Dummies publiziert. N95-Masken (=FFP2) filtern 99,8% der Aerosole, OP-Masken 94,5%. Bei falschem Sitz der Masken fällt die Abscheiderate unter 70%.

Schon vor der COVID-19-Pandemie wurde eine Untersuchung mit Corona-Erkältungsviren und anderen Viren (Influenza, Rhino) durchgeführt. Mit OP-Masken waren in der Zimmerluft keine Coronavirus-Aerosole nachweisbar, ohne wohl (Nachteil kleine Fallzahlen).

Im Juni 20 wurde im Lancet eine Metaanalyse mit Daten aus COVID-19, SARS und MERS veröffentlicht. Es wurden N95-Masken, OP-Masken und Textilmasken getragen. Die relative Risikoreduktion für eine Ansteckung war 82%. Vermutlich wäre unter ausschließlicher Berücksichtigung von FFP2-Masken das Ergebnis wesentlich besser ausgefallen. Die Ergebnisse wurden auch von weiteren Hygienemaßnahme wie Abstand beeinflusst. Randomisierte Studien zu Masken gibt es naturgemäß nicht (ethisch nicht vertretbar)

Der Nachteil solcher Studien ist das Fehlen einer Kontrollgruppe. Man vergleicht also Äpfel mit Birnen. Hier sind Fallbeobachtungen hilfreich, die für Experten natürlich keine ausreichende Evidenz besitzen.
In einer Kompanie der schweizerischen Streitkräfte wurde erst neun Tage nach dem ersten Erkrankungsfall Maskenpflicht angeordnet. Von 345 Soldaten erkrankten 102 (30%), von 181 getesteten Soldaten ohne Symptome waren bei 113 (62%) Antikörper nachweisbar. In einer anderen räumlich getrennten Kompanie mit 154 Soldaten wurden Masken schon vor dem ersten Infektionsfall angeordnet. Hier erkrankte keiner und Antikörper waren bei 13 von 88 getesteten Soldaten (15%) nachweisbar.
In China fuhr ein Infizierter (ohne von seiner Infektion zu wissen) in einem Bus, ohne eine Maske zu tragen. Er steckte 5 der 39 Mitreisenden an. Beim Zwischenhalt besorgte er sich eine Maske. Nach dem Umsteigen in einen Minibus steckte er keinen der 14 Mitreisenden an.
Im Februar 20 kam es in der Mutter-Kind-Klinik der Uni Regensburg zu einem COVID-19-Ausbruch nach Rückkehr einer Hebamme aus dem Ski-Urlaub in Ischgl. Durch Maskenpflicht und Testungen wurde der Ausbruch gestoppt.

Zu Beginn der Pandemie waren medizinische Masken Mangelware. Das Gesundheitsministerium propagierte Textilmasken (Alltagsmasken). Als es genug medizinische Masken gab, wurde diese Empfehlung nicht revidiert.
Schon seit dem Frühsommer hat der TÜV Essen Masken untersucht. Danach filtern FFP2-Masken 98%, Textilmasken 10%.
Nach Untersuchungen von DRL-Instituten beträgt die Filterwirkung von Textilmasken nahezu Null.

Eine bewertende Zusammenfassung (Prof. Hufert) vom Februar 2021:
„Die Studienlage ist eindeutig: Die von uns angeschauten Modellversuche und Fallberichte zeigen, dass Masken eine SARS-CoV-2-Übertragung und damit das Risiko einer Infektion mit Corona deutlich reduzieren. Masken schützen, und zwar bieten sie einen Schutz nicht nur wie bisher angenommen in erster Linie für andere Personen, sondern auch für den Maskenträger selbst. Das Tragen einer Maske verhindert eine über die Atemwege übertragene Infektion und sorgt durch die Reduzierung der Aufnahme potenziell infektiöser Tröpfchen dafür, dass dennoch erfolgende Infektionen und später auftretende Erkrankungen milder verlaufen. Es ist nach Auswertung der vorliegenden Studien sehr plausibel davon auszugehen, dass das Tragen von Gesichtsmasken zur Verminderung der Ausbreitung von SARS- CoV-2 entscheidend beitragen kann. Auch dort, wo die Infektion nicht vermieden wird, werden durch Reduktion der Infektionsdosis wahrscheinlich auch symptomatische Erkrankungen häufiger verhindert und die Schwere der Erkrankungen reduziert", fasst Prof. Frank Hufert die Ergebnisse der Studie zusammen.

tung von Corona-Schnelltest
Abnahmegarantien und ein
derung der Medizinprodukte
beverordnung muss Gesun
minister Spahn sicherstelle
ausreichend Schnelltests
ziert und auch von Privatpe
gekauft und angewendet
können", sagte Göring-E
unserer Redaktion. Mit rege
gen Schnelltests – möglichs
mal pro Woche – solle vor al
Berufen mit erhöhtem Risi
mehr Sicherheit gesorgt w
sagte Göring-Eckardt. Als Be
nannte sie Ärzte, Pflegekräft
zistinnen und Supermar
arbeiter

Masken sind wichtig

WP Arnsberg 18.7.27

■ Ein internationales Team von
Forschern hat eine Reihe von
wissenschaftlichen Veröffentlichungen zu den Masken analysiert und kommt zu dem
Schluss, dass sie ein entscheidender Teil der **Pandemiebekämpfung** sind. Mit der Durch-
setzung einer möglichst breit
geltenden Maskenpflicht in der
Öffentlichkeit könnte das Risiko
gesenkt werden, dass Erkrankte
in dieser Phase andere Menschen ansteckten.
und sich selber nicht anstecken

---

n, eine Verlängerung des
ns sei zwar angesichts der
slage notwendig. Ein „Me-
own" sei allerdings „keine
nd könnte die unverzicht-
eptanz der Menschen für
eichen Maßnahmen ge-
Vor allem eine generelle
g von Schulen und Kitas
ndsberg ab: Zumindest
etreuung müsse sicherge-

Experten weisen immer
rauf hin, dass Schulschlie-
ravierende Auswirkungen
nnen. So sprach sich am
nde der OECD-Bildungs-
Andreas Schleicher für die

So gut schützen Masken

Eine detaillierte Studie weist das maximale Risiko einer Coronainfektion für verschiedene Szenarien mit und ohne Masken aus

2. DEZEMBER 2021
Corona Medizin

Sogar drei Meter Abstand schützen nicht. Selbst bei dieser Distanz dauert es keine fünf Minuten, bis sich eine ungeimpfte Person, die in der Atemluft eines Corona-infizierten Menschen steht, mit fast 100prozentiger Sicherheit ansteckt. Das ist die schlechte Nachricht. Die gute ist: Wenn beide gut sitzende medizinische oder noch besser FFP2-Masken tragen, sinkt das Risiko drastisch. Wie gut, welche Masken bei welcher Trageweise schützen, hat ein Team des Max-Planck-Instituts für Dynamik und Selbstorganisation in Göttingen in einer umfassenden Studie untersucht. Dabei bestimmten die Forschenden für zahlreiche Situationen das maximale Infektionsrisiko und berücksichtigten einige Faktoren, die in ähnlichen Untersuchungen bislang nicht einbezogen wurden.

Wie groß die Gefahr einer Ansteckung mit dem Coronavirus ist, hat auch das Göttinger Team überrascht. „Wir hätten nicht gedacht, dass es bei mehreren Metern Distanz so schnell geht, bis man aus der Atemluft eines Virusträgers die infektiöse Dosis aufnimmt", sagt Eberhard Bodenschatz, Direktor am Max-Planck-Institut für Dynamik und Selbstorganisation. Denn auf diese Distanz hat sich die Atemluft schon kegelförmig im Raum verbreitet; entsprechend verdünnt werden die infektiösen Partikel. Die besonders großen und damit besonders virusreichen Partikel fallen zudem schon nach einer kurzen Strecke durch die Luft zu Boden. „Trotzdem haben wir in unserer Studie auch in drei Metern Entfernung noch ein enormes Ansteckungsrisiko festgestellt, wenn man Infizierten mit einer hohen Viruslast, wie sie bei der vorherrschenden Delta-Variante des Sars-CoV-2-Virus auftritt, für ein paar Minuten begegnet und keine Maske trägt", sagt Eberhard Bodenschatz. Und solche Begegnungen sind etwa in Schulen, Gaststätten, Clubs oder gar im Freien unvermeidbar.

Gut sitzende FFP2-Masken senken das Risiko mindestens in den Promillebereich

So hoch das Infektionsrisiko ohne Mund-Nasenschutz auch ist, so effektiv schützen medizinische oder FFP2-Masken. Die Göttinger Studie untermauert, dass FFP2- oder KN95-Masken infektiöse Partikel besonders wirkungsvoll aus der Atemluft filtern – vor allem wenn sie an den Rändern möglichst dicht abschließen. Tragen sowohl die infizierte als auch die nicht-infizierte Person gut sitzende FFP2-Masken, beträgt das maximale Ansteckungsrisiko nach 20 Minuten selbst auf kürzeste Distanz kaum mehr als ein Promille. Sitzen ihre Masken schlecht, steigt die Wahrscheinlichkeit für eine Infektion auf etwa vier Prozent. Tragen beide gut angepasste OP-Masken, wird das Virus innerhalb von 20 Minuten mit höchstens zehnprozentiger Wahrscheinlichkeit übertragen. Die Untersuchung bestätigt zudem die intuitive Annahme, dass für einen wirkungsvollen Infektionsschutz vor allem die infizierte Person eine möglichst gut filternde und dicht schließende Maske tragen sollte.

Die Ansteckungswahrscheinlichkeiten, die das Max-Planck-Team ermittelt hat, geben jeweils die obere Grenze des Risikos an. „Im täglichen Leben ist die tatsächliche Infektionswahrscheinlichkeit sicherlich 10- bis 100-mal kleiner" sagt Eberhard Bodenschatz. Denn die Luft, die an den Rändern aus der Maske strömt, wird verdünnt, sodass man nicht die gesamte ungefilterte Atemluft abbekommt. Das haben wir aber angenommen, weil wir nicht für alle Situationen messen können, wieviel Atemluft eines Maskenträgers bei einer anderen Person ankommt, und weil das Risiko so konservativ wie möglich berechnen wollten", erklärt Bodenschatz. „Wenn unter diesen Bedingungen sogar das größte theoretische Risiko klein ist, ist man unter realen Bedingungen auf der ganz sicheren Seite." Für den Vergleichswert ohne den Schutz einer Maske fällt der Sicherheitspuffer jedoch deutlich kleiner aus. „Für eine solche Situation können wir die Virusdosis, die eine ungeschützte Person einatmet, mit weniger Annahmen bestimmen", sagt Gholamhossein Bagheri, der als Forschungsgruppenleiter am Max-Planck-Instituts für Dynamik und Selbstorganisation an der aktuellen Studie maßgeblich beteiligt war.

„Maske-Tragen an Schulen ist eine gute Idee"

Das Göttinger Team hat bei seinen Berechnungen des Ansteckungsrisikos einige Faktoren berücksichtigt, die in vergleichbare Abschätzungen bislang nicht eingeflossen sind. So haben die Forschenden untersucht, wie ein schlechter Sitz der Maske den Schutz schwächt und wie sich das verhindern lässt. „Die Membranen von FFP2- oder KN95-Masken, aber auch von manchen medizinischen Masken filtern extrem effektiv", sagt Gholamhossein Bagheri. „Das Ansteckungsrisiko wird dann von der Luft, die an den Rändern der Maske aus- und einströmt dominiert." Dazu kommt es, wenn der Rand der Maske nicht dicht am Gesicht anliegt. In aufwendigen Versuchen haben Bagheri, Bodenschatz und ihr Team gemessen, in welcher Größe und Menge Atempartikel an den Rändern unterschiedlich gut sitzender Masken vorbeiströmen. „Eine Maske lässt sich an die Gesichtsform hervorragend anpassen, wenn man ihren Metallbügel vor dem Aufsetzen zu einem abgerundeten W biegt", sagt Eberhard Bodenschatz. „Dann gelangen die ansteckenden Aerosolepartikel nicht mehr an der Maske vorbei, und auch Brillen beschlagen nicht mehr."

Wie Masken vor Covid-19 schützen

Mit einer Puppe demonstriert ein Team des Max-Planck-Instituts für Dynamik und Selbstorganisation, wie sich die Atemwolke und mit ihr möglicherweise Coronaviren in verschiedenen Szenarien ausbreiten. Ohne Maske verteilen sich viele potenziell infektiöse Partikel im Raum. Bereits OP-Masken reduzieren die Menge deutlich, selbst wenn sie schlecht sitzen. Besonders gut schützen eng anliegende FFP2- oder KN95-Masken.

Das Team hat zudem bedacht, dass Tröpfchen, die Menschen beim Atmen oder Sprechen verbreiten, in der Luft trocknen und leichter werden. Dadurch bleiben sie länger in der Luft, haben jedoch eine erhöhte Viruskonzentration verglichen mit den Tröpfchen direkt nach Austritt.

Beim Einatmen passiert wiederum das Gegenteil: Die Partikel nehmen wieder Wasser auf, wachsen wie ein Tropfen in der Wolke und bleiben daher leichter in den Atemwegen hängen.

Auch wenn die detaillierte Analyse der Göttinger Max-Planck-Forscher zeigt, dass dicht abschließende FFP2-Masken im Vergleich zu gutsitzenden OP-Masken 75 mal besser schützen und die Trageweise einer Maske einen deutlich Unterschied macht: Auch medizinische Masken reduzieren das Ansteckungsrisiko schon deutlich im Vergleich zu einer Situation ganz ohne Mund-Nasenschutz. „Deshalb ist es so wichtig, dass die Menschen in der Pandemie eine Maske tragen", sagt Gholamhossein Bagheri. Und Eberhard Bodenschatz ergänzt: „Unsere Ergebnisse zeigen noch einmal, dass das Maske-Tragen an Schulen und auch generell eine gute Idee ist."

„Eine Maske ist der beste Schutz." 11.01.2021 - Im Interview erläutert der Strömungsphysiker Eberhard Bodenschatz, wie Aerosole entstehen und sich ausbreiten und welchen Schutz Masken bieten. SARS-CoV-2 überträgt sich durch humane Aerosole und Tröpfchen. Am Max-PlanckInstitut für Dynamik und Selbstorganisation in Göttingen führte Eberhard Bodenschatz mit seinem Team seit März 2020 Messungen an mehr als 140 Freiwilligen durch. Die Untersuchungen zeigten unter anderem, dass Gesichtsmasken einen sehr guten Schutz darstellen, dass das Spielen von Blasinstrumenten möglich, aber singen keine gute Idee ist.

Entscheidende Vorteile

Deutschland hat zu Beginn der Pandemie mit der Maske gefremdelt. Inzwischen ist die Akzeptanz groß, wenn auch nicht in jedem Fall, wie der heftige Streit im Herbst um die Maskenpflicht im Unterricht zeigte. Virologen und viele andere Wissenschaftler sind sich einig, dass die FFP2-Maske noch deutlich besser vor einer Ansteckung mit dem Coronavirus schützt als die beliebte OP-Maske. Max-Planck-Forscher meinen, dass das Ansteckungsrisiko auf kürzeste Distanz in geschlossenen Räumen selbst nach 20 Minuten nur bei einem Promille liege. Das funktioniert allerdings nur dann so gut, wenn man die „FFP2" richtig trägt. Es spricht vieles für eine FFP2-Pflicht auch in Nordrhein-Westfalen, zum Beispiel in Bahnen und Geschäften, zumal diese Corona-Maßnahme deutlich „milder" wäre als andere. Dagegen spricht – neben der Tatsache, dass einige Menschen diese Masken wegen des höheren Atemwiderstandes als unangenehm empfinden – der im Vergleich zur OP-Maske etwa viermal höhere Preis. Eine Pflicht zur FFP2-Maske müsste also sozial abgefedert sein. Einkommensschwache sollten sie gratis bekommen, und hier ist er Staat in der Fürsorgepflicht. Mit gut gefülltem Geldbeutel ruft es sich leicht nach der Einführung einer FFP2-Maskenpflicht. Entscheidende Vorteile

http://reader.wp.de/wparnsberg/982/article/1517614/6/6/render/?

In Korea trugen die Menschen schon vor Covid-19 Schutzmasken. Welchen Beitrag hat das geleistet?

Masken sind - solange die Impfung nicht breit verfügbar ist - unser wichtigstes Abwehrmittel gegen die Pandemie. Davon sind wir in Korea hundertprozentig überzeugt. Sie haben recht, wir hatten in diesem Punkt einen Vorteil: In Korea gibt es seit vielen Jahren eine Kultur des Maskentragens. In der kalten Jahreszeit vor allem wegen der Gefahr einer Grippeinfektion. Aber auch sonst trugen schon vor der Covid-19-Pandemie viele Menschen Schutzmasken - allein schon wegen der Luftverschmutzung, die in manche Regionen des Landes ein großes Problem ist. Die Leute waren also daran gewöhnt, Masken zu tragen. Nach dem ersten Ausbruch haben die Menschen damit begonnen, Masken zu produzieren, sowohl in Heimarbeit als auch Unternehmen, die FFP2-Masken herstellten. Diese Masken-Disziplin war sicher mit einer der Gründe, warum Ostasien so viel besser durch die Krise gekommen ist als Europa oder die Vereinigten Staaten.

Hat man in Europa und den USA die Bedeutung von Masken unterschätzt?

Die Antwort auf diese Frage lautet: Ja. Leider. Als ich zu Beginn der Pandemie Videos von der Londoner und der New Yorker U-Bahn gesehen habe, war ich in großer Sorge: Die Waggons waren knallvoll, aber viele Menschen trugen keine Masken oder schützten sich und die anderen nur notdürftig mit einem Schal. Lassen Sie es mich ganz deutlich sagen: Masken sind essenziell im Kampf gegen Covid-19!

In Europa, aber auch in den USA, verweist man darauf, dass ein Vergleich mit Ostasien nicht weiterführt: Taiwan ist eine Insel, Japan ist eine Insel, China ist ein

Wiener Zeitung 26.07.21

Thomas Seifert (stellu. Chefredakteur) in
Interview mit Jung Ki-Suck, ehemaliges Leiter der
Koreanischen Epidemie bekämpfungsbehörde KCDC

In meinen Briefe an zahlreiche Politiker, Medien und
Wissenschaftler habe ich immer wieder empfohlen :
(medizinische) Masken überall wo Menschen zusammenkommen (auch draußen - Windpocken), bis 90% der
Bevölkerung (weltweit) geimpft sind

Immer wieder habe ich darauf hingewiesen :
Alltagsmasken ("Kondome aus Jute") schützen nicht
Abstand schützt nicht, Plexiglasscheiben schützen nicht.
Aerosole verbreiten sich ähnl. ch wie Geruchsmoleküle
innerhalb von Minuten auch in einem großen Raum. Trotz
der Verdünnung stecken die Viren an. Lüften alle
20 Min schwächt nicht aus reichend. Filter mit Hepa
und UVC sind zu langsam. Beide sind ch wohl als unterstützende
Maßnahmen sinnvoll.
Bei schlechten Sitz schützen Masken überhaupt nicht (2012
Test CID) - Filterwirkung nur 90% statt 98%, bei gutem Sitz).
Wenn Maske sich bei forcierter Atmung beulen lad ein
Spille nicht oder nur minimal beschlägt, sitzen sie gut.
Leider wird hier gespart. statt Nasal bügeln werden Drähte
eingerastet → Leckagen. Hier helfen selbstklebende
Nasenbügel für den Nasenteil -

Albert Tigges
Facharzt für Allgemeinmedizin
Kronenstr. 26 · 59757 Arnsberg
Tel. 02932-33282 ...
1882 63400

Entwicklung der Covid-Fälle

Bestätigte COVID-19-Fälle pro Million Menschen im 7-Tages-Durchschnitt.
Die Anzahl der bestätigten Fälle ist geringer als die Anzahl der tatsächlichen Fälle.
Hauptgrund dafür sind limitierte Tests.

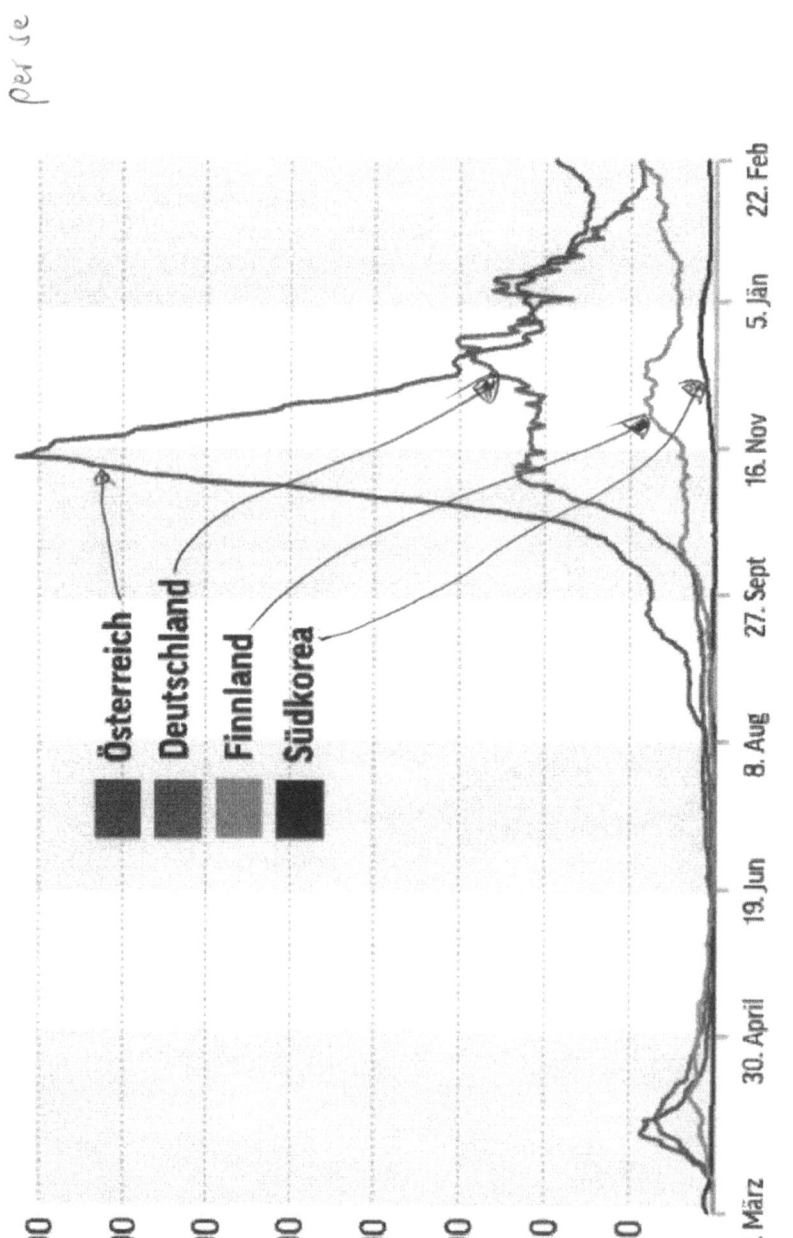

WZ-Grafik; Stand 23. Februar 2021
Quelle: Johns Hopkins University CSSE COVID-19 Data

WIENER ZEITUNG ■ 26.01.21

Albert Tigges
Facharzt für Allgemeinmedizin
Kronenstr. 26 · 59757 Arnsberg
Tel. 02932-36282
1882 63400

P.n.P.T.
Die guten Zahlen für Finnland liegen
vermutlich an der geringen Einwohner dichte =
per se weniger Kontakte.

Empfehlen 👍   Kommentieren 💬   Teilen f 🐦   🔗 mit Bild 🖼
53   11   ✉   ohne Bild 🖼

1. Welle 3.20

Dunkelziffer in Russland sehr hoch, in
Afrika ersichtbar

Der Vgl. Europa/Südkorea in stabhabe

X

Verschiedene Aspekte zu Impfungen wurden schon angesprochen.

Die Frage, ob bei m-RNA-Impfstoffen die Antigenmenge starken Schwankungen unterliegt und das evt. die Ursache für die nach meiner Einschätzung hohe Infektionsrate bei Geimpften und die Rate an Nebenwirkungen ist, bleibt unbeantwortet. Allerdings werden die Daten dadurch verwässert, dass Menschen mit 2 Impfen als komplett geimpft eingestuft wurden. Früher galt jemand erst nach einer dritten Impfung (Booster) als vollständig geimpft. Weiterhin wurden alle positiv Getesteten ohne weitere Überprüfung als Kranke eingestuft.

Zum Thema systemische versus lokale Immunität und Impfung in Sprayform verweise ich auf den Brief an Prof. Watzl.

Erste Corona-Impfungen: 13 Stolpersteine

Bei der Impfung gegen COVID-19 hakt es gleich an mehreren Stellen. Das Aufziehen der Spritze ist nur eine von vielen Fehlerquellen, wie ein Pharmazeut aus dem Impfzentrum berichtet. Zeit für ein frühes Fazit. Ich habe mit zwei Apothekern zu ihren Erfahrungen mit den ersten Impfungen gegen COVID-19 gesprochen. Ute Simon arbeitet in Rheinand-Pfalz. Sie hat sich für die Arbeit in einem der ersten COVID-Impfteams in Hillesheim im Vulkaneifelkreis aufstellen lassen. Dort wurde bereits Ende Dezember mit den Impfungen begonnen, sie waren also eins der ersten Teams am Start. Zu Beginn gab es nur wenige Informationen und Einführungen, denn die dazu vorgesehenen Unterlagen von Biontech lagen noch im Verteiler und wurden erst eine Woche später ausgeliefert. Der erste Arbeitstag dort lief also nicht ganz so geregelt ab, wie Simon sich erhofft hatte. Der zweite Apotheker, unter dem Profil herr.apotheker auf Instagram zu finden, kümmert sich in Bayern darum, dass der Impfstoff so sicher und stabil wie möglich hergestellt wird, um möglichst vielen Menschen helfen zu können. Er sagt, dass die Arbeit in den Impfzentren gut läuft, es aber noch Optionen gibt, sie zu verbessern. Ihm ist vor allem wichtig, die Bedeutung des pharmazeutischen Personals auch und gerade bei dieser Impfung herauszuheben. Er sieht die Herstellung von Arzneimitteln als Uraufgabe des pharmazeutischen Personals, da die Anfertigung von Individualrezepturen in der Apotheke zum Tagesgeschäft gehört. Kühlung und Transport sind problematisch Ute Simon berichtet von ihrem ersten Wochenende bei der Rekonstitution von folgenden Problemen: Der Impfstoff von Biontech kam via Trockeneis-Transport vom zentralen Verteiler Mainz nach Koblenz in das dortige Impfzentrum. Dort wurde er bereits nicht mehr bei −70 °C gelagert, sondern war schon im Kühlschrank bei 2–8 °C aufgetaut. Eigentlich hätte der Impfstoff Sonntagmorgen direkt vom Zentrum in Koblenz zur Weiterverarbeitung durch die zwei anwesenden Apotheker zu den lokalen Impfstationen gebracht werden müssen. Doch bedingt durch Schnee und glatte Straßen wäre das Zeitmanagement durcheinandergekommen, also holte Simon ihn am Samstagabend selbst ab, damit der Impfbeginn am nächsten Tag um 10 Uhr wie geplant stattfinden konnte. Der Transport muss mit sicherer Kühlkette erfolgen. Das Impfzentrum bekam zwar Transportboxen ausgeliefert, jedoch ohne weitere Anleitung, daher wusste dort vom Empfang auch niemand, dass die Akkus darin vorgekühlt werden müssen. Da das Einhalten der Kühlkette beim Botendienst in der Apotheke aber zum Tagesgeschäft gehört, hat Simon das Akkuproblem spontan mit ihrer eigenen Gefriertruhe gelöst. Es mangelt an richtigen Materialien Als essenziell empfindet sie das Bereitstellen von guten Materialien. „Wenn ein Bundesland aus Kostengründen oder anderen praktischen Abwägungen ungeeignete Spritzen und Kanülen bereitstellt, dann geht das zu Lasten der Qualität. In manchen Fällen wird so eine zusätzliche Fehlerquelle geschaffen, wie man letzte Woche gesehen hat. Wenn nur eine 1-ml-Injektionsspritze verwendet würde, wie übrigens sowohl von Biontech als auch in den Schulungsveranstaltungen der Apothekerkammer, dann wäre eine 5-fache Überdosierung spätestens dann aufgefallen, wenn diese Menge erst gar nicht in die Spritze gepasst hätte." Zudem waren für die Impfung von 400 Patienten in drei Pflegeheimen nur zwei Apotheker und sieben impfende Ärzte eingeplant. Simon schaffte es, für Samstagabend noch zwei weitere Kollegen davon zu überzeugen, den freien Sonntag gegen Stress im Impfzentrum zu tauschen. Sie ist überzeugt: „Das schaffen nur die Apotheken vor Ort." Nach der ersten Woche haben sich zudem einige fachliche Änderungen ergeben, die – wie die anfänglichen Probleme auch – bei einer besseren Einarbeitung seitens der Bundesländer gar nicht erst nötig gewesen wären. Einiges musste zunächst intuitiv umgesetzt werden. Pharmazeutische Kompetenz war dafür durchaus nötig. „Das bisschen Zusammenmischen …" „Das bisschen Zusammenmischen, das ist doch nicht schwer. Das bekomme ich selbst hin." Diesen Satz hat herr.apotheker schon häufiger von Nichtpharmazeuten gehört. Warum es doch nicht so einfach ist wie viele meinen, kann er erklären: „Wir impfen einen sehr sensiblen neuartigen Impfstoff mit mRNA. Die mRNA kann natürlich nur wirken, wenn sie intakt im Geimpften ankommt. DNA, die deutlich stabiler ist, lässt sich durch mehrmaliges Auf- und Abbewegen in einer Spritze mit einer kleinlumigen Nadel bereits zerstören, und RNA ist sogar noch deutlich labiler. Der Impfstoff ist so sensibel, dass er vor Ort rekonstituiert werden soll. Allein das Schütteln des verdünnten Impfstoffs bei der Fahrt im Auto kann bereits ausreichen, um Schäden an der mRNA zu hinterlassen. Dies bedeutet, dass die chemische und physikalische Stabilität eine Schwierigkeit in der Handhabung darstellt." Eine Frage der Hygiene Zudem sieht er ein mögliches mikrobielles Problem, sollte die Einarbeitung des herstellenden Personals nicht ausreichend sein: „Der Impfstoff enthält keine Konservierungsstoffe. Das ist auch gut so, es soll nicht mehr in die Formulierung als nötig. Allerdings erfordert dies eine aseptische Herstellung. In der Industrie wird der Impfstoff in aseptischen Abfüllanlagen abgefüllt. Hier handelt es sich um Räume höchster Reinheit (Reinraumklasse A). Material und Personal kommt nur durch besondere Schleusen in den Raum, die Reinheit der Luft wird durch Hochleistungsfilter gewährleistet. Sterile Reinraumkleidung verhindert die Partikelabgabe des Personals. Zudem wird die Luftkeimzahl und Fußbodenkeimzahl überprüft. Um hier die gleiche hochwertige Qualität in die Impfspritze zu bekommen, sind keimarme Arbeitsplatzbedingungen, Schutzkleidung des Personals und das richtige Herstellungsregime sehr wichtig." Kanülen und Schutzausrüstung: Vorsicht ist geboten Nachdem er einige Impfdosen rekonstituiert hat, sind ihm 13 Stolpersteine aufgefallen, die bei der Rekonstitution und anschließenden Verimpfung auftreten können: unsachgemäßer Transport der Impfdosen nach dem Verdünnen (z. B. auf einem Rollwagen), zu starkes Schütteln der Impfdosen bei der Herstellung, **Verwendung von zu kleinen Kanülen, zu schnelle Injektion (Scherkräfte/Druck schädigen die mRNA),** Verwendung von zu großen Spritzen (Dosierungsprobleme), größere Luftansammlung in der Spritze (mehrmaliges Aufziehen/Austreiben schädigt mRNA), Nichteinhaltung der Kühlkette (Schädigung der mRNA), Schlechte Arbeitsplatzdesinfektion, fehlendes Tragen von Schutzausrüstung, mehrfache Verwendung derselben Kanülen, fehlende Händedesinfektion, Störung des Herstellungsvorgangs durch anderes Personal, unprofessionelles aseptisches Arbeiten. Das Bundesland Bayern verzichtet in den Impfzentren auf pharmazeutisches Personal. Es hält den Einsatz von Pharmazeuten für unnötig. Doch herr.apotheker ist überzeugt: „Als Pharmazeut besitzt man eine spezielle Sichtweise. Das Studium trimmt durch die vielen Laborzeiten auf eine saubere Arbeitsweise und die professionelle Umsetzung von Herstellungsanweisungen. So sehe ich eben nicht nur das Zusammenmischen des Impfstoffes als einfachen Vorgang, sondern auch die Hintergründe hinter der Herstellung. Und ich studiere eine Fachinformation und die richtige Herstellung erst einmal gründlich, bevor ich loslege." Er führt aus: „Es gab eine Impfpanne in Stralsund bei der versehentlich den Impfpersonen die fünffache Dosis verabreicht wurde. Die herstellende Person hat das Impfstoff-Mehrdosenbehältnis verdünnt und den gesamten Inhalt in einer einzigen Spritze aufgezogen. Der Impfarzt hat anschließend die fünffache Impfdosis verabreicht. Offenbar haben sich weder sie, noch der Impfarzt vor der Impfung hinreichend mit dem Impfstoff, seiner Fachinformation oder zusätzlichen Informationsmaterialien beschäftigt und informiert. Sogar auf dem Vial selbst steht, dass es sich um ein Mehrdosenbehältnis handelt." Noch keine Prozesse zur Vermeidung von Fehlern Der Apotheker räumt ein: „Fehler sind menschlich und passieren jedem. Aber es sollten Prozesse vorhanden sein, die so etwas ausschließen. Und es muss sich vorher mit diesem Arzneimittel beschäftigt werden. Vor allem, wenn es sich um einen neuen Impfstoff handelt, auf den die Aufmerksamkeit der ganzen Welt gerichtet ist. Der Impfarzt hat sich bei den Geimpften entschuldigt, gleichzeitig aber die Vorbereitung der Impfaktion kritisiert. ‚Ich bin dahingefahren in der Annahme, dass ich eingewiesen werde.' Stattdessen habe es nur den Infozettel gegeben, so seine Darstellung. Ich kann das bestätigen. Es ist chaotisch. Die Impfzentren wurden in kürzester Zeit aufgestellt und vieles läuft noch nicht reibungslos. Auch meine Einweisung war dürftig." Sein Fazit: „Man könnte sagen, man arbeitet mit einem rohen Ei. Man kann es in die Hand nehmen, es geht nicht sofort kaputt. Aber man sollte vorsichtig damit umgehen. Die Herstellung ist wie auch der Impfvorgang selbst kein Hexenwerk. Aber eine gründliche Vorbereitung ist wichtig. Gerade, wenn das mediale Interesse nur auf Fehler und Probleme gerichtet ist, ist ein fehlerfreies Arbeiten umso wichtiger. Man trägt eine Verantwortung. Das Wohl des Patienten steht im Vordergrund. Die Herstellung sollte von gut geschultem, am besten pharmazeutischem Personal durchgeführt werden."

Anm. Albert Tigges

Wegen der Empfindlichkeit der m-RNA wird sie in Nanopartikeln „verpackt". Auch nach der Injektion bleibt der Impfstoff so stabiler und wird auch besser in die Zellen aufgenommen.

Meine Anfrage, ob diese Partikel durch schnelles Injizieren durch enge Kanülen zerstört werden und dadurch der Impferfolg gemindert wird, wurde von Biontech nicht beantwortet.

BioNTech SE · An der Goldgrube 12 · 55131 Mainz BioNTech SE An der Goldgrube 12 D-55131 Mainz Tel.: +49 (0) 6131-90 84 0 Fax: +49 (0) 6131-90 84 390 medinfo@biontech.de Dr. Albert Tigges Kronenstr. 26 59757 Arnsberg Deutschland 24. Februar 2022

Sehr geehrte(r) Dr. Tigges, Vielen Dank für Ihre kürzliche Anfrage an BioNTech Medical Information. Sie haben um die folgenden Informationen gebeten: • Mit den gentechnisch in Zellkulturen hergestellten Oberflächenstrukturen des Hepatitis-BVirus hat man einen enormen Fortschritt erzielt. Bei mRNA-Impfstoffen wird nur der Produktionsort in den eigenen Körper verlegt. Die Vorteile sind Flexibilität, Schnelligkeit und enorme Produktionskapazitäten. Die Unterschiede bei den Impfstoffen bestehen nur in der Art ihrer Zusammensetzung und der Produktionsweise. Dem Immunsystem ist das egal. Die Endstrecke bleibt gleich. Warum sollte man also von bewährten Verfahren abgehen? Warum sollte man wie schon bei Covid erneut die Erfahrung machen, dass nach 2 Basisimpfen kein ausreichender Schutz besteht? • Ich möchte zum 4. Mal (Biontech) auf die **Frage der Vulnerabilität von Lipdnanobläschen und die Bitte um eine Abklärung hinweisen. BioNTech hält sich an die lokalen Gesetze. Demnach ist uns untersagt, Patienten individuell zu beraten** und wir dürfen nur die Informationen bereitstellen, die in der Arzneimittel-Fachinformation oder in der Gebrauchsinformation zu finden sind. Bezüglich Ihrer Anfrage finden Sie Informationen in der Fachinformation und in der Gebrauchsinformation. Bitte besuchen Sie https://praxis.comirnaty.de/de/public/downloadcenter.html#gebrauchsinformationen, wo Sie die Zusammenfassung der Merkmale des Arzneimittels bzw. die Gebrauchsinformation in Deutschland finden. Diese Dokumente wurden zuletzt genehmigt am 24. Januar 2022. Detaillierte Informationen zu mRNA-Impfstoffen finden Sie auf der Seite https://mrnaverstehen.biontech.de/. Genauere Informationen zum Wirkmechanismus können Sie Absatz 5. PHARMAKOLOGISCHE EIGENSCHAFTEN der Fachinformation entnehmen. Informationen zur richtigen Aufbereitung der Impfstoffe finden Sie in Absatz 6.6 Besondere Vorsichtsmaßnahmen für die Beseitigung und sonstige Hinweise zur Handhabung der Fachinformation sowie den Handhabungshinweisen in Absatz 6 Inhalt der Packung und weitere Informationen der Gebrauchsinformation. Wir bedanken uns für Ihre Anregungen für die weitere Forschung zur Wirksamkeit des Impfstoffes. Wir empfehlen Ihnen, mit Ihrem Arzt oder Apotheker zu sprechen, die Sie besser beraten können, da sie Ihre medizinische Vorgeschichte kennen. Wenn Ihr Arzt/Ihre Ärztin weitere Fragen hat, kann er/sie BioNTech SE · An der Goldgrube 12 · 55131 Mainz BioNTech SE An der Goldgrube 12 D-55131 Mainz Tel.: +49 (0) 6131-90 84 0 Fax: +49 (0) 6131-90 84 390 medinfo@biontech.de sich unter Angabe der Fallnummer 4735 unter +49 6131 9084-0 und/oder medinfo@biontech.de an die Abteilung für medizinische Informationen (Medical Information) wenden. Comirnatyθ (der COVID-19-mRNA-Impfstoff (Nukleosid-modifiziert)) wird zur aktiven Immunisierung zur Vorbeugung von COVID-19 durch das SARS-CoV-2-Virus angewendet. Die Anwendung des Impfstoffs sollte in Übereinstimmung mit den offiziellen Empfehlungen erfolgen. Informationen zu den einzelnen Formulierungen des Impfstoffs finden Sie in der entsprechenden Fachinformation unter https://www.ema.europa.eu/en/documents/productinformation/comirnaty-epar-product-information_de.pdf oder unter https://praxis.comirnaty.de/de/public/download-center.html#fachinformationen. Sollten Sie Fragen haben oder zusätzliche Informationen benötigen, kontaktieren Sie uns bitte telefonisch unter +49 6131 9084-0 oder per E-Mail an medinfo@biontech.de unter Angabe des Falls #00004735. Weitere Informationen finden Sie auch auf der BioNTech-Website unter https://biontech.de/. Mit freundlichen Grüßen BioNTech Medical Information θ Dieses Arzneimittel unterliegt einer zusätzlichen Überwachung. Dies ermöglicht eine schnelle Identifizierung neuer Erkenntnisse über die Sicherheit. Angehörige von Gesundheitsberufen sind aufgefordert, jeden Verdachtsfall einer Nebenwirkung zu melden. Bitte melden Sie Verdachtsfälle von Nebenwirkungen direkt an BioNTech (medinfo@biontech.de) oder an das Paul-Ehrlich-Institut (https://nebenwirkungen.bund.de/) unter Angabe der Chargennummer. Informationen zum Datenschutz BioNTech Medical Information verarbeitet Ihre personenbezogenen Daten, um Ihre medizinische Anfrage zu bearbeiten oder zu beantworten und ggf. zur Überwachung der Arzneimittelsicherheit. Unter Umständen geben wir Ihre Informationen an andere BioNTech-Kollegen weiter, um sicherzustellen, dass Ihre Anfrage angemessen bearbeitet wird. Ihr Name, Ihre Kontaktdaten und Ihre Position werden an unser Pharmakovigilanz-Team weitergegeben, wenn Sie ein unerwünschtes Ereignis, d. h. Nebenwirkungen eines Arzneimittels, melden, damit dieses sich mit Ihnen bezüglich des unerwünschten Ereignisses in Verbindung setzen kann. Wir müssen Ihre Daten möglicherweise an verbundene Unternehmen, Geschäftspartner, Dienstleister von BioNTech und Aufsichtsbehörden weitergeben, die außerhalb Ihres eigenen Landes ansässig sind, möglicherweise auch in Ländern außerhalb der EU/des EWR, soweit dies erforderlich ist, um die geltenden gesetzlichen Meldepflichten zu erfüllen. BioNTech hat Maßnahmen ergriffen, um die von Ihnen zur Verfügung gestellten personenbezogenen Daten zu schützen. Wir bewahren Ihre personenbezogenen Daten nur so lange auf, wie wir mit Ihnen in Kontakt stehen, es sei denn, eine längere Aufbewahrungsfrist ist gesetzlich vorgeschrieben oder zulässig oder entspricht einer bewährten Branchenpraxis. Art. 9 (2) (i) und Art. 6 (1) (c) DSGVO in Verbindung mit geltenden unionsrechtlichen oder mitgliedstaatlichen Meldepflichten dienen als Rechtsgrundlagen für die beschriebene Datenverarbeitung. Alle personenbezogenen Daten, die Sie uns übermitteln, werden gemäß der Datenschutzrichtlinie von BioNTech (https://biontech.de/de/data-privacy-policy) geschützt und vertraulich behandelt.

Bundesministerium für Gesundheit
11055 Berlin

Albert Tigges
Kronenstr. 26
59757 Arnsberg
18.01.2022

Sehr geehrter Prof. Lauterbach

Sie machen sich **Sorgen wegen der Pandemie**, ich auch. Als Hausarzt in Rente kann ich nur staunen über so viele Fehler im Verlauf der Pandemie. Ich verweise dazu auf die Anlagen.
Aktuell beschäftigt mich die Frage, ob und warum so viele Geimpfte erkranken. Ich verweise dazu auf meine heutige Email an Prof. Ulrichs.
Ob die Nanobläschen durch zu schnelle Injektion oder zu dünne Kanülen geschädigt werden, sollte abgeklärt werden. Eine 21 G Kanüle ist ca. 80 x dünner als eine Tuberkulinspritze. Bei schneller Injektion dürften Turbulenzen mit Druck/Sog/Scherkräften entstehen. Ob die Bläschen platzen, könnte man mit Untersuchung der Anzahl der Bläschen in einem definierten Volumen vor und nach einer langsamen/schnellen Injektion, evt auch mit dünneren Kanülen untersuchen. Es wäre wirklich ganz schlimm, wenn durch banale Fehler mit konsekutiv unzureichendem Impfschutz Menschen erkranken oder gar sterben. Auf diese Idee kam ich durch die ZDF Heute Sendung vom 12.01. zusammen mit Anmerkungen zu Tozinameran bei Wikipedia und meiner ärztlichen Erfahrung zu falsch hohen Kaliumwerten durch Hämolyse bei Blutentnahme durch enge Kanülen unter Sog.
Pharmazeuten weisen auf die Wichtigkeit der richtigen Aufbereitung des Impfstoffs hin, da mRNA-Impfstoffe sehr empfindlich seien. Mögliche Fehlerquellen, die zu einer abgeschwächten Wirkung bis hin zur Wirkungslosigkeit des Impfstoffs führen können, sind dabei:[51] die Nichteinhaltung der Kühlkette (Schädigung der mRNA), unsachgemäßer Transport der Impfdosen nach dem Verdünnen (z. B. auf einem Rollwagen), zu starkes Schütteln der Impfdosen bei der Zubereitung, Verwendung von zu kleinen Kanülen, zu schnelle Injektion (Scherkräfte/Druck schädigen die mRNA), die Verwendung von zu großen Spritzen (Dosierungsprobleme) sowie größere Luftansammlung in der Spritze (mehrmaliges Aufziehen/Austreiben schädigt mRNA).

Mit freundlichem Gruß

Anlagen: Ulrich, Plasberg, Zatecky, Merkel, Südkorea/Deutschland 1. Welle, Südkorea/Europa bzw weltweit 1.-4. Welle, Studie zu Masken, Masken MPI/Quarks, Masken Wikipedia, Masern 1985 mit Adressatenliste meiner Schreiben, Corona-Übersicht, Synopsis, Streeck/Heinsberg, Masken DLR, Lednicky, Gedankenexperiment 4.20, Drosten/Masken 1.20, alte Ratgeber RKI zu Masern und WINDpocken, Masken/Arbeitsschutz 11.21, Corona-Empfehlungen BZgA

X

Nachwort

Die folgenden Texte haben auf den ersten Blick überhaupt nichts mit Covid zu tun. Das trifft zu für die Inhalte. Die Gemeinsamkeit betrifft die Gewohnheitsmuster im Denken der Menschen. Das Dogma, die Erde sei der Mittelpunkt des Universums, wurde schon im Vorwort angesprochen. Keiner weiß genau, was Bewusstsein ist, aber die Wissenschaftler sind sich sicher, dass es das Ergebnis neuronaler Netzwerke, also des Gehirns ist. Daraus folgt, dass parapsychologische Phänomene ignoriert werden und die unsterbliche Seele ein Märchen ist.

Ungläubiger Thomas
Engstirniger Dogmatismus
´Impulstext 13.04.23

Beide sind Teilaspekte menschlicher Gewohnheitsmuster.

Einen Tisch kann man sehen und anfassen. Er ist für uns real. Die Seele kann man nicht sehen oder anfassen. Gibt es sie? Aus meiner beruflichen Erfahrung im Umgang mit Tod weiß ich, dass die meisten Menschen inkl. Mitgliedern des Kirchenvorstandes nicht an ein Leben nach dem Tod glauben.

Dr. Eckehard Eibl (Biologe), aus Rubisch-Abenteuer Jenseits

»Spät am Abend war ich mit meinem Moped auf dem Weg zu meiner Mutter. Sie hatte mich im Institut angerufen und zum Essen eingeladen. Über den Kölner Militärring war es zwar etwas weiter, ging aber flotter. Als ich Fahrt aufnahm, näherten sich von hinten mit hoher Geschwindigkeit zwei Scheinwerfer und wurden immer größer, bis der Wagen schließlich mein Hinterrad touchierte und mich damit vom Moped stieß. Damals war es nicht üblich, einen Helm zu tragen, und ich schlug mit meinem Kopf ungeschützt auf den Asphalt.

Benommen konnte ich meinen Unfallgegner sehen, wie er anhielt, kurz aus seinem Wagen stieg, zu mir hinüberblickte und postwendend seinen Weg fortsetzte. Blut. Überall war Blut. Ich muss zum Fürchten ausgesehen haben. Dann kam ein zweites Fahrzeug, verringerte seine Geschwindigkeit, gab wieder Gas, um in der Dunkelheit zu verschwinden.

>Prima<, dachte ich, >der wird den Unfallflüchtigen sicher verfolgen und zur Rede stellen.< Nicht ganz Herr der Lage, richtete ich meinen geschundenen Körper langsam auf und torkelte so einem darauffolgenden Fahrzeug entgegen. Mit letzter Kraft signalisierte ich dem Fahrer, doch anzuhalten. Blutverschmiert stand ich mitten auf der Straße. Ich möchte mir gar nicht ausmalen, was ich damals für ein Bild abgab. Als der Wagen anhielt, schleppte ich mich auf allen vieren an den Straßenrand, hockte mich nieder, bis ich schließlich ohnmächtig wurde.

Da befand ich mich plötzlich in einer Position, von der aus ich mich selbst sehen konnte. Mittlerweile trafen eine Menge Schaulustige ein, sodass praktisch unter mir ein reges Treiben stattfand. Ich fand das toll! Mir ging es richtig gut. Ich hatte überhaupt keine Schmerzen. Warum das so war, habe ich mich gar nicht gefragt. Es ist so, wie es ist. Mein einziges Gefühl war Faszination angesichts der Bilder, die ich sah. Erst etwas später stellten sich wieder Gedanken ein, die mich fragen ließen, wo denn der Krankenwagen blieb. Diese Frage wurde mit dem Bild einer Gaststätte beantwortet, in der, heute weiß ich das, mein Notarzt saß, der gerade von seiner Assistentin über meinen Unfall benachrichtigt wurde.

>Jünni!<, rief er. >Ich muss weg! Schreib auf: zwei Kurze und zwei Lange!<

Dann dachte ich an meine Mutter, die schließlich mit dem Essen auf mich wartete. Offensichtlich transportierten mich meine Gedanken direkt zu ihr. Darauf sah ich sie in ihrer Küche auf dem Stuhl meines Vaters.

Obwohl dies alles schon eine Ewigkeit her ist, kann ich mich noch gut daran erinnern. Ich verspürte keinerlei Emotionen. Meine Mutter saß dort, und ich hörte ihre Gedanken: Gerade hat sie Streit mit meinem Vater und überlegt, ihrer Freundin einen Brief zu schreiben, um ihr Herz auszuschütten. Weil sie an mich dachte, verwarf sie den Gedanken, den Brief an ihre Freundin zu *schreiben.*

Hin und wieder hielt sie inne und fragte sich, wo ich denn wohl bliebe.

Als Biologe waren diese Eindrücke für mich natürlich nicht erklärbar. Umso mehr wollte ich später wissen, ob sich wirklich alles so zugetragen hatte, wie ich es sah. Deshalb nahm ich nach meiner Genesung mit dem Notarzt Kontakt auf und bat ihn, die Situation aus seiner Perspektive noch einmal zu schildern. Seinen Kneipenbesuch verheimlichte er, wie sich herausstellte, aus gutem Grund. Um meine Erlebnisse aber beweisen zu können, musste ich sie ansprechen. Ihm war es sichtlich peinlich, dabei ertappt zu werden, während des Bereitschaftsdienstes getrunken zu haben. Und er bat mich, bitte niemandem von seinem Alkoholproblem zu erzählen. Auch der Name des Wirtes stimmte überein. Er hieß Günther, Jünni war rheinischer Dialekt.

Für mich gab es damals zwei Möglichkeiten: entweder ich halluzinierte, oder ich war wirklich irgendwie an diesen Orten, die ich in meinem >bewusstlosen< Zustand wahrnahm. Schon die Geschichte des Notarztes konnte kein Zufall sein, Restzweifel blieben aber noch. Also machte ich mich auf den Weg zu meiner Mutter.

Auch diese Situation war relativ einfach zu überprüfen. Zunächst verneinte sie meine Bilder und Gedanken, die eigentlich ihre waren, bis sie noch einmal darüber nachdachte: >Stimmt, ich hatte mit deinem Vater Streit. Ich wollte Luise schreiben und ihr davon erzählen. Normalerweise sitze ich um diese Uhrzeit jeden Abend vor dem Fernseher. Aber nicht an diesem, weil ich in der Küche dein Essen gekocht und mir nebenbei so meine Gedanken gemacht habe.<

Meine Erlebnisse waren keine Halluzinationen. Ein Teil von mir war ganz real unterwegs zu meinem Notarzt, dann zu meiner Mutter. Allein mit der Kraft meiner Gedanken war das möglich. Ich dachte mir: >Wie kann das sein?< Als Wissenschaftler war ich mit dieser Frage schier überfordert, denn natürlich machte ich mir unzählige Gedanken über Schockzustände und ihre neuropsychologischen und biochemischen Korrelate, vor allem dachte ich an kurzkettige Eiweißverbindungen.«

Corona war für mich ein Lehrstück über Dogmatismus. Eigentlich gehört es zum ärztlichen Basiswissen, dass sich Masern, Windpocken und Co. durch Aerosole über räumliche – etliche Meter – und zeitliche – 2-3 Stunden ansteckend – Distanz verbreiten. Experten und Politiker verbreiteten aber das „11. Gebot" (Du sollst zu Deinem Nächsten einen Mindestabstand von 1,5 m einhalten), dass einzig Abstand schützt. Ein neues Dogma war geboren. Schon zu Beginn gab es bei einer Chorprobe Ansteckungen über 15 m. Vorkommnisse in Heinsberg, Restaurants, Kirchen, Umkleideräumen, Tönnies u.a. bewies klar und für jeden mit flexiblen Geist sichtbar, dass Abstand nicht schützt. Bei Wissenschaftlern sollte man eigentlich davon ausgehen, dass sie unvoreingenommen ihre Beobachtungen interpretieren. Fehlanzeige; trifft nur für wenige zu. Was nicht zum Weltbild/Dogma passt, wird ignoriert. Das folgende Beispiel belegt das. Es ist ein Auszug aus dem Buch „Wolf Singer, Matthieu Ricard – Jenseits des Selbst". Herr Singer ist Neurowissenschaftler und für ihn ist es unumstößlich (also ein Dogma), dass Bewusstsein das Ergebnis neuronaler Netzwerke ist. Er ignoriert eigene Erlebnisse, weil sie für ihn gegen „Naturgesetze" verstoßen. Herr Ricard war Biologe, bevor er buddhistischer Mönch wurde.

***WS** Aber selbst wenn das alles stimmt, ändert das nichts daran, dass die mentalen Phänomene, welche auf diesen kognitiven Fähigkeiten beruhen, die Folge von Gehirnprozessen sind - zumindest legen neurobiologische Forschungsergebnisse dies nahe. Zurzeit gibt es keinen Grund für die Annahme, es gebe irgendwelche immateriellen oder substratunabhängigen Zustände oder Kräfte, die auf materielle neuronale Prozesse einwirken. Gäbe es sie, wäre das mit den bekannten Naturgesetzen völlig unvereinbar. Daher rührt der Widerstand der Neurobiologen gegen die Vorstellung einer mentalen Verursachung, einer sogenannten top-down causation, also einer Beeinflussung materieller, neuronaler Prozesse durch ein wie auch immer geartetes immaterielles »Bewusstsein«.*

...

Rätselhafte Erfahrungen

MR Es wäre interessant, sich mit Phänomenen zu beschäftigen, die - falls wirklich etwas dahintersteckt zu einer Neubewertung unserer Ansicht führen müssten, dass das Bewusstsein allein vom Gehirn abhängt. Ganz spontan fallen mir drei solche Phänomene ein, wobei man da sicherlich Schein von Sein und Tatsachen von Gerüchten unterscheiden muss. Es geht um die folgenden: Personen, die Zugang zu den Gedanken anderer haben; Menschen, die sich an ein früheres Leben erinnern; und Leute, die Nahtoderfahrungen gemacht haben und/oder von Geschehnissen berichteten, die sich zutrugen, während sie offenkundig bewusstlos waren, das heißt, bei denen das EEG keine Gehirntätigkeit anzeigte. Weil diese Phänomene häufig als Beweis für die Sichtweise angeführt werden, dass unser Bewusstsein nicht auf unseren Körper beschränkt ist, sollten wir zumindest klären, welche Validierungskriterien hier anzulegen wären.

WS Das ist in der Tat eine wichtige erkenntnistheoretische Fragestellung. _Wären diese Berichte von parapsychologischen Phänomenen stichhaltig_, ließen sie sich also nicht durch so triviale Dinge wie Sinnestäuschungen, fälschliche Erinnerungen oder Zufall erklären, _hätten wir wirklich ein großes Problem, denn sie lassen sich nicht nur nicht mit den bekannten neuronalen Abläufen vereinbaren, sondern sie würden, schlimmer noch, gegen einige der Grundgesetze verstoßen, auf denen unsere Naturwissenschaften basieren._ Ein gemeinsames Problem all dieser rätselhaften Phänomene besteht aber darin, dass sie sich nicht reproduzieren lassen. Man kann sie nicht vorsätzlich herbeiführen und damit ist ihre experimentelle Überprüfung unmöglich.

Lass mich dir eine Geschichte aus meinem Leben erzählen, die mich immer noch fasziniert. Als meine Kinder ungefähr acht Jahre alt waren, wurden sie zu einer Faschingsparty am anderen Ende der Stadt eingeladen, wo ich noch nie war. Die beiden wurden von den Eltern eines Klassenkameraden mitgenommen, und ich sollte sie abends wieder abholen. Ich verließ also das Labor und setzte mich in den Wagen, um zur angegebenen Adresse zu fahren. Aufgrund eines Schneesturms dauerte die Fahrt rund eine Stunde.

Als ich ankam, war das Haus dunkel und leer. Vielleicht dämmerte mir, dass die Gastgeber ja vor einer Weile umgezogen waren, aber auch daran konnte ich mich nicht genau erinnern. Es war also eine höchst unerfreuliche Situation. Ich hatte die falsche Adresse, meine Frau war nicht zu Hause, und damals gab es noch keine Handys. Ich hätte also wieder zurück zum Institut oder nach Hause fahren und darauf warten müssen, dass meine Kinder mich dort anriefen, um mir die neue Adresse zu geben. Das bedeutete eine Stunde Fahrt zurück, wieder eine Stunde Fahrt zu der neuen Adresse und dann noch mal eine Stunde für die Heimfahrt. Ich war frustriert und wütend. Was tat ich also? Ich fuhr einfach weiter aus der Stadt, heraus, bog mal rechts, mal links ab, hielt an roten Ampeln, fuhr irgendwohin, alles in einem veränderten Bewusstseinszustand. Schließlich landete ich in einer Sackgasse und musste umkehren. Ich fuhr einige hundert Meter und hatte das plötzliche Bedürfnis, auf der rechten Seite zu parken, was aufgrund des Schnees mühsam war. Gegenüber stand ein vielstöckiges Wohnhaus. Ich ging über die Straße, um die Namen auf den Klingelschildern zu lesen - frag mich nicht, warum ich ausgerechnet zu diesem Haus gegangen bin. Und während ich die Schilder studierte, sah ich aus dem Augenwinkel eine Bewegung. Ich wandte mich zur Haustür und sah durch die Tür - sie war aus Glas - eine meiner Töchter aus dem Untergeschoss kommen. Dort hatte das Fest stattgefunden, und sie musste mit dem Aufzug noch mal hoch in die Wohnung fahren, um ihre Jacke zu holen. Als ich sie sah, klopfte ich gegen die Scheibe und sie öffnete. »Du kommst gerade rechtzeitig, wir sind gleich fertig. Tania kommt auch bald hoch.« Als ich den beiden danach meine Geschichte erzählte, waren sie überhaupt nicht überrascht! Sie sagten: »Du bist unser Vater, natürlich weißt du, wo wir sind!«

War hier unbewusstes Wissen im Spiel? Hatte ich zuvor einmal einen Blick auf den Stadtplan geworfen und ihn gespeichert? Hatte ich tatsächlich gehört, dass die Familie umgezogen war und unbewusst den neuen Straßennamen registriert? Verfügte ich unbewusst über die Information, dass die Familie nun in einem Hochhaus wohnte und nicht mehr in einer Villa? Ist es möglich, dass ich all diese Informationen unbewusst gespeichert hatte? Verließ sich mein Unterbewusstsein auf die Heuristik, lieber ein wenig in der Gegend herumzufahren, anstatt das dreistündige Hin- und Herfahren auf mich zu nehmen, weil die Chancen gar nicht so schlecht standen, meine Töchter in diesem Stadtteil wiederzufinden? Ich hatte allerdings den Eindruck, dass ich ganz zufällig herumgefahren war, ohne zu wissen, warum ich diese aussichtslose Suche überhaupt begonnen hatte.

MR Und du hast noch nicht einmal auf die Straßenschilder geschaut?

WS Nein. Ich war so wütend, dass ich einfach drauflos gefahren bin. Und ich kannte die neue Adresse ja nicht, jedenfalls konnte ich mich nicht explizit an sie erinnern. Meine Interpretation, dass ich in diesem veränderten Bewusstseinszustand eine Menge Informationen aus dem Unterbewusstsein für meine Suche abrufen konnte, stimmt mit dem überein, was wir über die Abläufe im Gehirn wissen. *Das gilt nicht für die Erklärung meiner Töchter. Stimmte ihre Interpretation, müssten wir an unserer derzeitigen Sicht auf das Gehirn, ja auf die Natur im Allgemeinen zweifeln. Wir müssten nämlich einräumen, dass wir offenbar etwas ganz Wesentliches übersehen haben.* Trotz solcher Erfahrungen und Berichte gibt es jedoch kein stichhaltiges Argument dafür, unsere Forschungsrichtung zu ändern, und zwar einfach deshalb, weil wir nicht wüssten, wonach wir suchen sollten.

MR Das hat sich sicherlich seltsam angefühlt, oder?

WS Ja, ganz komisch.

MR Aber wenn du, als angesehener Wissenschaftler, dieses Erlebnis zu sehr an die große Glocke hängst, dann werden die Leute vielleicht denken: »He, dieser Wolf Singer ist auch einer von diesen Verrückten, die an übersinnliche Phänomene glauben.«

WS Mit Sicherheit.

MR Jetzt erzähle ich dir eine Geschichte. Ich habe sie schon öfter erzählt, denn sie ist ein perfektes Beispiel dafür, was alles möglich ist. Als ich in einer kleinen Klause in der Nähe meines ersten Lehrers, Kangyur Rinpoche, in Darjeeling lebte, erinnerte ich mich eines Tages daran, wie ich als Jugendlicher einige Tiere getötet hatte. Früher ging ich angeln, doch dann kam der Tag, ich war 13, an dem ich begriff, dass ich den Fischen schreckliches Leid antat und sie um ihr Leben brachte. Ich bin nie ein Jäger gewesen und fand die Jagd immer furchtbar, aber mein Onkel hatte viele Gewehre, und irgendwann dachte ich mir, es wäre spaßig, auf eine der Wasserratten zu schießen, die damals seinen Teich in der Bretagne verwüsteten. Die Ratte erschrak und ging unter - ich weiß nicht, ob ich sie getroffen habe, ich hoffe nicht, aber möglicherweise habe ich sie getötet.

Damals dachte ich sofort: »Wie konntest du nur so etwas tun?« Es war so eine sinnlose Tat, ich hatte mir überhaupt keine Gedanken darüber gemacht, dass es um das Leben eines anderen empfindungsfähigen Wesens ging. Vielleicht hatte die Ratte Junge. Ich bereute es sehr, dass ich möglicherweise ein Leben beendet hatte, und das nur, weil die Ratte im Garten meines Onkels ihr Unwesen trieb.

Als mir das alles wieder einfiel, verspürte ich das dringende Bedürfnis, dieses Erlebnis meinem Lehrer zu beichten. Also verließ ich meine Klause und stieg zu dem Kloster hinunter, in dem Kangyur Rinpoche lebte. Mein Tibetisch war damals noch sehr dürftig, doch sein älterer Sohn, der ebenfalls einer meiner Lehrer war und ist, sprach fließend Englisch. Als ich mich zur Begrüßung drei Mal vor Kangyur Rinpoche auf den Boden warf, hörte ich ihn lachen und etwas zu seinem Sohn sagen. Als ich mich ihm näherte, um seinen Segen zu empfangen und ihm die Geschichte zu erzählen, meinte sein Sohn, noch bevor ich den Mund aufmachen konnte: »Rinpoche möchte wissen, wie viele Tiere du in deinem Leben getötet hast.«

Aber das Seltsamste war, dass es überhaupt nicht seltsam war. Es schien ganz natürlich....

Niemals hatte mich Kangyur Rinpoche nach Details meiner Kindheit oder meines Lebens in Frankreich gefragt.

Sie sagten: »Du bist unser Vater, natürlich weißt du, wo wir sind!«

(Anm. A.T.) Physiker kennen das unerklärliche Phänomen der verschränkten Quanten.

Wir müssten nämlich einräumen, dass wir offenbar etwas ganz Wesentliches übersehen haben.

Etwas jenseits von Raum und Zeit, das EINE, das alles enthält und in dem alles miteinander verbunden ist. Im Advaita nennt man das Brahman. Kann man in der Tat mit den Augen nicht sehen, sondern nur durch EINSwerdung erfahren.

Anders formuliert: Besteht die Welt aus zeitlich und räumlich getrennten einzelnen Objekten oder gibt es ein ganzheitliches Kontinuum, aus dem wir kommen und in dem wir leben? Sind die für unsere Sinne und den Verstand getrennten Teile durch dieses unsichtbare Kontinuum miteinander verbunden? Erklärt das evt. ansonsten nicht erklärbare Phänomene?

Wären diese Berichte von parapsychologischen Phänomenen stichhaltig, ließen sie sich also nicht durch so triviale Dinge wie Sinnestäuschungen, fälschliche Erinnerungen oder Zufall erklären, hätten wir wirklich ein großes Problem, denn sie lassen sich nicht nur nicht mit den bekannten neuronalen Abläufen vereinbaren, sondern sie würden, schlimmer noch, gegen einige der Grundgesetze verstoßen, auf denen unsere Naturwissenschaften basieren. Ein gemeinsames Problem all dieser rätselhaften Phänomene besteht aber darin, dass sie sich nicht reproduzieren lassen. Man kann sie nicht vorsätzlich herbeiführen und damit ist ihre experimentelle Überprüfung unmöglich..(Zitat W. Singer, s.o.)

Es gehört zur Natur der Sache, dass man Nahtoderlebnisse nicht unter kontrollierten Bedingungen im Labor herbeiführen kann. Das Argument könnte somit allenfalls sein, dass sie nur sporadisch auftreten. Das gilt aber auch für das seltene Auftreten von Polarlichtern in Deutschland. Es gibt zwar Menschen mit einer Begabung für Telepathie (bei tibetischen Lamas scheint sie normal zu sein, vgl. oben), im allgemeinen treten solche Ereignisse aber nur in Extremsituationen wie Unfällen oder Tod auf. Unter Laborbedingungen besteht für Menschen üblicherweise keine Motivation, auf diese Ressource zuzugreifen.

Die Versuche zu Telepathie durch *Rhine* fanden um 1940 statt. Zur Standardisierung der Untersuchungsbedingungen benutzte er sogenannte Zenerkarten mit 5 verschiedenen Symbolen. Eine Person (Sender) deckte die Karten auf, eine räumlich getrennte Person (Empfänger) sollte sagen, welche Karten aufgedeckt wurden. Die Ergebnisse lagen zwar über der rechnerischen Zufallswahrscheinlichkeit, konnten aber Kritiker nicht überzeugen. In den 1990-igern benutzte man vergleichbare Untersuchungen, die Ganzfeldversuche. Einer Person wurden Bilder oder Videos gezeigt, die sie an eine andere räumlich getrennte Person „senden" sollte. Es wurden ca. 3000 Sitzungen unter 25 Versuchsleitern durchgeführt. Die Einzelstudien ergaben überdurchschnittliche Ergebnisse. Die Metaanalyse ergab eine hohe Signifikanz (Rhine J., Parapsychologie, 1957, Radin D., The Conscious Univers, 1997).

Dr. Jeffrey Long gründete 1998 die „Near Death Experience Research Foundation" für die Erforschung und Dokumentation von Nahtoderlebnissen. Mit seiner Webseite schuf er ein weltweites Forum, wo Menschen ihre Erlebnisse berichten konnten. Für die wissenschaftliche Analyse der Daten gab es einen standardisierten Fragebogen. Die Berichte von Menschen verschiedener Kulturen mit unterschiedlichen Weltanschauungen zeigten eine hohe Übereinstimmung.

All das wird einen orthodoxen Wissenschaftler wie W. Singer natürlich nicht überzeugen. Vermutlich würde er noch zweifeln, wenn er selbst eine Nahtoderfahrung machen würde. Was ist wirklich/real? Menschen mit Nahtoderlebnissen sagen, ihre Erlebnisse seien äußerst real. Herr Singer würde sie als Illusion einstufen, weil sie nicht in seine Weltsicht passen. Dass seine Weltsicht vielleicht Illusion (Maya) sein könnte, ist für ihn unvorstellbar. *Wir müssten nämlich einräumen, dass wir offenbar etwas ganz Wesentliches übersehen haben.*

Zur Wiederholung: Unter <u>Dogma</u> (griechisch: Meinung, Lehrsatz) versteht man eine verbindliche normative Aussage oder ein <u>Gedankensystem mit dem Anspruch auf absolute Wahrheit und der Zurückweisung widersprechender Auffassungen.</u> „Wenn ihr nicht werdet wie die Kinder" oder „Anfängergeist" bedeutet dagegen einen offenen flexiblen Geist ohne vorgefasste feststehende Interpretation von Beobachtungen und deren Einordnung in festgelegte Kategorien. Etwas mehr von dieser Verhaltensweise täte uns gut. Wir hätten **weniger Probleme**.